Perlen der Weisheit

ANSELM GRÜN

Anselm Grün, geb. 1945, verwaltet als Cellerar die Bene-
diktinerabtei Münsterschwarzach und gehört zu den meist-
gelesenen spirituellen Autoren der Gegenwart.
Der Band wird herausgegeben von Rudolf Walter, dem Her-
ausgeber des periodisch erscheinenden »einfach-leben-
Briefs« von Anselm Grün.

Perlen der Weisheit

Die schönsten Texte von
ANSELM GRÜN

HERDER

FREIBURG · BASEL · WIEN

Inhalt

Einführung

In allen Religionen und Kulturen gibt es Weis-
heitslehren. Sie führen ein in die Kunst des Lebens und sie stillen unseren Hunger nach Sinn.
»Nicht das Vielwissen sättigt die Seele«, so hat
es Ignatius von Loyola einmal pointiert gesagt.
Weisheit ist also nicht zu verwechseln mit enzy-
klopädischem Wissen oder noch so stupenden
umfassenden Kenntnissen. Auch intellektuelles
Vermögen ist damit nicht gemeint. Und sie ist
nie nur abstrakte Theorie oder bloße Spekula-
tion. Weisheit ist vielmehr Kenntnis der letzten
Gründe des Daseins. Sie ist die Einsicht in den
Zusammenhang der Welt, das Verstehen dessen,
was die Welt im Innersten zusammenhält. Im
Alten Testament wird die Weisheit als eigene
Person gesehen. Es ist eine weibliche Person.
Sowohl im Hebräischen als auch im Griechi-
schen, im Lateinischen wie im Deutschen ist
Weisheit übrigens immer weiblich gesehen. Of-
fensichtlich verbinden die Menschen mit Weis-

heit nicht das zupackende Wissen des Mannes, der Wissen als Macht versteht und als jederzeit nutzbares Know-how, sondern das empfangende Sehen, das In-die-Tiefe-Schauen, das man eher mit den Fähigkeiten der Frau verbindet.

Im Alten Testament tritt die Weisheit aus Gott heraus. Ja, sie ist gleichsam Gott selbst oder eine Person, die von Gott her zu den Menschen geht und sie im Auftrag Gottes lehrt, wie ihr Leben gelingt. Im Neuen Testament wird Jesus von den Evangelisten als Lehrer der Weisheit gesehen. Er verkörpert – so sagt es uns der Evangelist Matthäus – die Weisheit von Ost und West, von Nord und Süd. Er lehrt uns in den acht Seligpreisungen einen achtfachen Pfad zum gelingenden Leben. Doch die Weisheit, die Jesus verkündet, ist den Weisen und Klugen dieser Welt verborgen, während sie gerade den Unmündigen offenbart wird (Matthäus 11,25). Es ist die Weisheit des Kreuzes, die für die Juden ein Ärgernis und für die Griechen Torheit ist. Doch Gottes Weisheit ist weiser als alle Weisheit der Welt. Sie führt uns ein in das Geheimnis unseres Lebens. Sie bricht uns auf für die unbegreifliche Liebe Gottes.

Weisheit kommt von wissen, das im Ursprung »sehen« (lateinisch *videre*, griechisch *idein*) bedeutet. Der Weise sieht tiefer. Er verliert sich nicht in Einzelheiten, sondern sieht die Zusammenhänge der Welt und des Lebens. Weisheit kann geradezu als das Schauen des Wesens verstanden werden. Und Weisheit ist gerade in der Bibel immer auch Lebensweisheit, Weisheit, die gelebt werden will. Sie hat die Gesetze des menschlichen Lebens erkannt und zeigt nun Wege auf, wie das Leben gelingen kann. Die biblischen Bücher der Weisheit preisen den Weisen, der richtig lebt, der so lebt, dass es seinem Wesen entspricht. Im Buch der Sprichwörter werden wir ermahnt: »Erwirb dir Weisheit, erwirb dir Einsicht (...) Lass nicht von ihr, und sie wird dich behüten, liebe sie, und sie wird dich beschützen (...) Halte sie hoch, dann wird sie dich erhöhen; sie bringt dich zu Ehren, wenn du sie umarmst« (Sprichwörter 4,5-8).

Die Weisheit ist mehr als die Binsenweisheit, die »Gemeinplätze«, die Leon Bloy als bürgerlich verlogene Plumpheiten entlarvt hat. Sie ist auch mehr als der gesunde Menschenverstand oder der *common sense* oder das, was man als »mainstream« bezeichnet. Es gibt sogar die Weisheit der Narren, die Weisheit der Kinder und die Weisheit der Armen. Sie alle sind dem »mainstream« entgegengesetzt. Und doch: Sie sehen etwas vom Leben, was die Erfolgreichen nicht erkennen können. Die Weisheit weiß um das Geheimnis des Menschen. Sie sieht tiefer und hütet sich davor, alles in einfache Ratschläge zu packen oder simple Rezepte für alle Lebenslagen anzupreisen.

In vielen Kulturen finden wir Hinweise darauf: Für die Griechen und Germanen hat Weisheit immer damit zu tun, dass man richtig hinsieht, dass man die Dinge betrachtet, dass man gleichsam die Dinge meditiert, um ihr Wesen zu erfassen. Für die Lateiner hängt Weisheit (*sapientia*) mit schmecken (*sapere*) zusammen. Der Weise ist für die Römer der, der sich selbst schmecken kann, der sich selbst mag, der ausgesöhnt ist mit sich und seinem Leben, der im Einklang ist mit sich selbst. Und weise ist der, der die Dinge zu schmecken vermag, der ihren wirklichen Geschmack erkennt.

Perlen der Weisheit können – so verstanden – Sätze sein, die ein Licht ausstrahlen und das Leben so erhellen, dass wir es besser verstehen können. Eine kostbare und glänzende Perle hält man andächtig und behutsam in seiner Hand. Doch es gibt auch Menschen, die mit den Perlen unachtsam umgehen. Jesus warnt davor, die Perlen vor die Säue zu werfen (Matthäus 7,6). Vanja Palmers sagt in einem Beitrag zur Festschrift für den achtzigjährigen Br. David Steindl-Rast (»Die Augen meiner Augen sind geöffnet. Erfahrungen der Dankbarkeit«, Freiburg im Breisgau 2006), es komme gar nicht so sehr darauf an, worüber wir reden, sondern darauf, aus welchem Geist wir es tun: »Perlen der Weisheit werden in einem unachtsamen, verwirrten Geiste – sei das nun im Sprecher oder im Zuhörer – zu leeren Worthülsen.

Umgekehrt erkennt das wache, klare Bewusstsein in allem, auch im sogenannten Banalen, das große Geschehen.«

Perlen der Weisheit sind etwas Kostbares. Sie brauchen einen Geist, der sich Zeit nimmt, in ihr Geheimnis einzudringen und sie von allen Seiten her zu betrachten. Perlen der Weisheit können leicht zu leeren Worthülsen werden, zu Allerweltswahrheiten, die niemanden mehr berühren. Perlen wollen bestaunt werden. Die Weisheit braucht ein Herz, das noch zu staunen fähig ist. Die Bibel hat das so ausgedrückt: »Der Anfang der Weisheit ist die Gottesfurcht« (Jesus Sirach 1,14). Nur wer sich betreffen, berühren, erschüttern lässt von den Perlen der Weisheit, wird die Weisheit in ihnen entdecken. Nur wer bereit ist, in die Schule der Weisheit zu gehen, kann von ihr lernen, wie Leben gelingt.

Achtsamkeit

ACHTSAM LEBEN heißt: die Augen aufmachen und den anderen so anschauen, als ob man ihn noch nie gesehen hat. Es bedeutet: jemanden nicht nur mit äußeren Augen anzuschauen, sondern mit den Augen des Herzens. *(21)*

WIR SCHLAFEN oft und merken gar nicht, was um uns herum ist. Wir nehmen die Schönheit nicht wahr. Wir nehmen das Glück nicht wahr, das zum Greifen nahe ist. Wir suchen es anderswo, in unseren Träumen, in Illusionen, die wir uns machen. Nur wer die Augen aufmacht, kann überhaupt wahrnehmen, was ist. Wer erwacht ist, der erlebt, dass er bisher wie in einem Kerker lebte. Es braucht nicht viel zum Glück. Es braucht nur die Achtsamkeit. Wenn wir dankbar sind für das, was wir wahrnehmen, dann sind allein die gesunden Augen schon eine Quelle des Glücks. *(12)*

ICH FRAGE bei allem, was ich eigentlich sehe, höre, rieche, wahrnehme: Ist es nur die schöne Blume oder schaue ich in ihr nicht eine absolute Schönheit, etwas, das das einzelne Ding übersteigt? Oder ich frage mich bei meinen Gedanken: Kommen sie nur von mir oder schickt mir Gott diesen Gedanken, diesen Einfall, diesen Impuls? Ich rechne damit, dass Gott mich berührt und anrührt. *(1)*

INNERES UND Äußeres sind aufeinander bezogen. Im Umgang mit den Dingen drückt sich deine innere Haltung aus. Wie du mit den Dingen umgehst, so gehst du auch mit dir um. *(6)*

SETZE EINE Grenze, wenn deine Energie aus dir herausfließt. Halte inne, wenn deine eigenen Konturen zu verschwimmen drohen. Spüre in dich hinein. Erspüre, was für dich stimmt. Lebe nach deiner eigenen Stimmigkeit. Richte dich nicht nach den anderen. Lebe so, wie es dir zuinnerst gemäß ist. *(4)*

Alter

Das Älterwerden lädt uns ein, uns dem inneren Wachstum zuzuwenden. Wir haben in uns Werte. Spätestens ab der Lebensmitte müssen wir aufhören, nur äußeren Reichtum aufzubauen. Denn der wird uns nicht glücklich machen. Wir brauchen den inneren Reichtum unserer Seele, den Schatz, den keine Motte zu verzehren vermag, wie Jesus es ausdrückt (vgl. Lk 12,33). *(4)*

Die Konfrontation mit dem Älterwerden ist immer auch eine spirituelle Herausforderung. Gerade im Alter können wir immer durchlässiger werden für Gott. Dann bekommt unser Altwerden einen neuen Sinn: Zeuge zu sein für den Gott, der die Toten lebendig macht, für den Gott der Hoffnung und der Liebe. *(3)*

DAS ALTER stellt uns bestimmte Aufgaben: uns auszusöhnen mit unserem Leben, auch mit all dem Ungelebten und Unvollendeten, die Kraft und den Erfolg loszulassen und uns darauf einzustimmen, dass unser Leben begrenzt ist. Der Gedanke an den Tod will uns einladen, bewusst im Augenblick zu leben, voll Dankbarkeit für das, was uns bisher geschenkt wurde und voll Vertrauen, dass wir auch im Alter eine wichtige Aufgabe haben für diese Welt: dieser Welt die Ausstrahlung von Milde, Weisheit und Gelassenheit zu schenken. *(3)*

DAS ALTER wandelt uns. Es bricht das Äußere weg, damit das Innere aufscheint. Wandlung geschieht an uns. Unsere Aufgabe ist, sie an uns geschehen zu lassen, uns auf den Prozess der Verwandlung einzulassen, damit immer mehr der Kern und die Essenz unseres Lebens zum Vorschein kommt. *(16)*

Anfangen

UNSER LEBEN ist ein ständiges Sterben und Neugeborenwerden. Altes muss gelassen werden und Neues will entstehen. Altes muss absterben, damit das neue Leben zu blühen beginnt. So dürfen wir die Hoffnung nie aufgeben, dass unser Leben in die ursprüngliche Gestalt hineingelangt, die Gott sich von uns gemacht hat. Es ist nie zu spät, neu anzufangen. Aber der neue Anfang hebt die Vergangenheit nicht auf. Er formt sie nur um, er gestaltet sie so, dass das reine Bild Gottes in uns aufleuchtet. *(16)*

MIT JEDEM Augenblick fangen wir neu an. Auf der einen Seite muss ich akzeptieren, dass vieles in meinem Leben geworden ist, das nicht rückgängig zu machen ist. Aber wie ich auf das, was ich geworden bin, reagiere, was ich aus dem mache, was ich bin, das liegt an mir. *(16)*

Angst

Es GIBT die Angst, die uns zittern lässt. Aber es gibt auch Ängste, die uns auf etwas Wichtiges in unserer Umwelt oder in unserer Seele hinweisen. Es gibt die Angst, die uns auf Gefahren verweist. Und es gibt die Angst, die uns mahnt, unser Maß nicht zu überschreiten. Es geht nicht darum, alle Ängste überwinden zu können. Es geht auch darum, dass wir lernen, mit der Angst zu leben. *(7)*

VERDRÄNGUNG DER Angst führt zur Erstarrung und verbraucht sehr viel Energie. Wer seine Angst unter Verschluss hält, dem fehlt die Energie zum Leben. Deshalb muss die Angst verwandelt werden. Dann wird sie zu einer Quelle des Lebens für uns, zu einer Quelle der Wahrhaftigkeit, der Klarheit und der Achtsamkeit. Der Weg zur Verwandlung geht über das Gespräch mit der Angst und über die Öffnung der Angst auf Gott hin. *(7)*

WENN WIR es wagen, über unsere Angst zu sprechen, dann verliert sie ihre Macht. Wir sollten die eigene Angst anschauen und auch mit andern darüber sprechen. Wer nur gegen seine Angst kämpft, der weckt in ihr eine so starke Gegenkraft, dass er ständig um sie kreist und von ihr verfolgt wird. Wer sie jedoch liebevoll anschaut und sie sich zum Freund macht, den wird sie in eine größere Lebendigkeit und Freiheit führen, in eine neue Tiefe des Vertrauens und der Liebe. *(7)*

IM GESPRÄCH mit der Angst frage ich nicht nur nach dem Wovor, sondern auch nach dem Wozu. Was will die Angst mir sagen? Welche Sehnsucht steckt in meiner Angst? Unterhalb meiner Ängste ist ein Raum der Stille, zu dem die Angst keinen Zutritt hat. Dort wohnt Gott in mir. Und wo Gott in mir wohnt, kann die Angst mich nicht beherrschen. Das nimmt mir nicht meine Angst, aber es relativiert sie. *(4)*

Arbeit

WENN DIE Arbeit aus der Quelle des göttlichen Geistes strömt, dann kann ich viel arbeiten, ohne erschöpft zu werden. Und meine Arbeit hat dann eher etwas Spielerisches an sich und nicht das Harte und Aggressive, das die Arbeitssüchtigen ausstrahlen. Wer aus einer trüben Quelle heraus arbeitet, aus der Quelle seines Ehrgeizes, seines Perfektionismus oder seiner Sucht, der verunreinigt seine Umgebung mit seinen verdrängten Bedürfnissen. Wenn ich meine Gefühle und meinen Leib bei der Arbeit beobachte, kann ich erkennen, aus welcher Quelle ich arbeite. *(8)*

AUCH MIT noch so viel Arbeit kann ich diese Welt nicht im Letzten verändern. Ich kann die Zeit noch so gut ausnützen, ich habe keine Macht über sie. *(8)*

WIR KÖNNEN eine Zeit lang über unser Maß hinaus arbeiten, aber eben nicht immer. Sonst wird sich die Überforderung rächen. Gehen Sie nicht mit dem Bild in die Arbeit, dass Sie ausgequetscht werden, sondern mit dem Bild des aufrechten und freien Menschen, der Lust hat, andern zu begegnen und mit ihnen etwas zu unternehmen. Achten Sie auf Ihre Gefühle, wenn Sie zur Arbeit geben. Lassen Sie sich nicht von der Situation bestimmen, sondern setzen Sie der Situation Ihre eigenen Gefühle und Bilder entgegen. *(3)*

Askese

DIE WEISEN in allen Religionen haben in der Reflexion ihres eigenen Lebens Wege entwickelt, wie das Leben gelingen kann. Übereinstimmung besteht – über alle kulturellen und zeitlichen Grenzen hinweg – darin: Das geht nicht, ohne sich auch zu begrenzen oder auf manches zu verzichten. Askese und Glück sind keine Gegensätze. Wir sollen nicht verzichten, weil uns die Religion oder irgendein Gesetz etwas nicht gönnt, sondern weil wir auf Dauer glücklich sein wollen. *(1)*

DIE ASKESE führt mich nur dann weiter, wenn ich liebevoll mit mir umgehe. Dann höre ich auf, über mich und meine Begrenzungen zu jammern. Ich nehme meine Grenzen an. Aber ich habe Lust auf Askese, das heißt: Ich habe Lust, an mir zu arbeiten, damit die Grenzen sich etwas ausweiten und mir mehr Raum zum Leben geben. *(4)*

Augenblick

DIE ZEIT, die wir haben, ist die uns von Gott geschenkte Zeit. Und es ist nicht so wichtig, was wir genau tun. Entscheidend ist, dass wir in jedem Augenblick vor Gott sind. *(4)*

WENN ICH ganz im Augenblick bin, dann erlebe ich die Zeit nie als eng und begrenzt. Ich bin jetzt in diesem Augenblick. Und dieser Augenblick ist mir geschenkt. Ich versuche, ganz gegenwärtig zu sein. Aber ich setze mich nicht unter Druck. *(4)*

JEDE ZEIT hat ihre eigene Prägung. Der frische Morgen will uns erfrischen. Am Mittag bitten wir, dass Gott die innere Hitze kühle. Und am Abend dürfen wir dankbar zurückschauen und die Zeit genießen, die uns geschenkt wird, um still zu werden oder miteinander zu sprechen. *(3)*

Ausruhen

Viele Menschen meinen, hinter dem Glück herzulaufen und laufen ihm gerade so davon. Solange wir innerlich aufgewühlt sind, können wir die Energie nicht wahrnehmen, die in uns strömt. Es braucht die Ruhe, um die Kraft zu entdecken, die in uns liegt. *(11)*

Ausruhen, die Muße genießen, darin liegt die Würde des Menschen. Doch heute müssen wir es erst wieder lernen, wirklich zur Ruhe zu kommen. Ruhig kann keiner werden, der nicht bereit ist, sich der eigenen Wirklichkeit zu stellen. Und wundere dich nicht, wenn die Unruhe nicht sofort verschwindet. *(4)*

DIE RUHE beginnt bei der Seele. Zuerst muss das Innere in uns zur Ruhe kommen. Dann wird sich die Ruhe auch im Leib auswirken. Wenn das Herz ruhig geworden ist, dann werden wir auch unser Tun in aller Ruhe vollziehen, dann werden unsere Bewegungen aus der inneren Ruhe herausfließen, dann haben wir teil an der schöpferischen Ruhe Gottes. *(10)*

DEINE SEELE wird zur Ruhe kommen, wenn du mit dir selbst gut umgehst, wenn du aufhörst, dich selbst zu verurteilen, wenn du mit einem gütigen und milden Auge auf dich und deine aufgewühlte Seele schaust. Lass dich los. Du darfst so sein, wie du bist. Ruhe dich erst einmal aus. Dann kannst du wieder ein Stück des Weges gehen, den du dir vorgenommen hast. Aber jetzt genieße die Ruhe. In ihr kommst du mit dir in Einklang. Wenn du mit dir im Einklang bist, dann bringt dich nichts mehr aus der Ruhe. *(2)*

Barmherzigkeit

BARMHERZIG IST, wer ein Herz hat für die Unglücklichen und Armen. Aber bevor er ein Herz für die Unglücklichen und Armen haben kann, muss er ein Herz für das Arme und Unglückliche in sich selber haben. Ich muss mich also zuerst aussöhnen mit meiner Geschichte, mit meinem Charakter, mit meinen Stärken und mit meinen Schwächen. Und vor allem muss ich mich aussöhnen mit meinem Leib, so wie er ist. *(4)*

GOTTES BARMHERZIGKEIT soll uns lehren, barmherzig mit uns selbst umzugehen, anstatt uns ständig zu verurteilen und gegen uns zu wüten. Die Härte sich selbst gegenüber entspringt ja immer der Angst, nicht gut genug zu sein. Wenn wir die Barmherzigkeit Gottes in alle unsere Selbstvorwürfe hineinströmen lassen, dann wird sich die Angst, nicht richtig zu sein, beruhigen. *(7)*

Begegnung

WENN MENSCHEN – Männer und Frauen, Junge und Alte, Freunde oder Fremde – sich wirklich begegnen, dann öffnet sich ein größerer Horizont, der die Welt mit neuen Augen sehen lässt. Begegnung verändert die Menschen, und wirkliche Nähe, die daraus entsteht, gibt ihnen eine größere Weite. Und sie verändert auch die Welt, macht sie heller. Aber ich kann nicht in anderen aufgehen oder mit ihnen verschmelzen. In der Begegnung, wenn sie gelingt, erfahre ich mich auch selber intensiver und besser. *(4)*

WENN ICH mein Herz nur dem anderen öffne, damit ich beschenkt werde, gehe ich leer aus. Wenn ich mein Herz öffne, weil der andere mich interessiert, weil ich seine Not spüre, weil ich mit ihm fühle, weil ich ihm helfen möchte, dann werde ich reich beschenkt. Wenn ich gebe, weil ich selber Zuwendung oder Bestätigung brauche, dann fühle ich mich bald verausgabt. Wenn ich aber gebe, weil ich selbst genügend Liebe empfangen habe und immer wieder von Gott empfange, dann werde ich auch selber bereichert, indem ich gebe. Wenn der andere sich von mir verstanden fühlt und erleichtert von mir weggeht, dann fühle ich mich selbst auch beschenkt. Durch mich ist jemand mehr zum Leben gekommen. Das weckt in mir ein Gefühl der Dankbarkeit und der Freude. *(4)*

BEGEGNUNG GESCHIEHT immer an der Grenze. Ich erlebe den andern als Du in seinem Anderssein nur, wenn ich seine Grenze achte. Zugleich geschieht in der echten Begegnung immer Grenzüberschreitung. So fließt etwas zwischen dem anderen und mir hin und her. Über Grenzen hinweg findet ein Austausch statt. Aber der Austausch setzt die Grenzen voraus. *(8)*

Beziehung

GRENZEN SCHAFFEN Klarheit in der Beziehung und damit Freiheit. Der entscheidende Grund, warum wir uns oft mit dem Abgrenzen schwer tun, ist wohl die Angst, wir könnten uns unbeliebt machen, wir würden eine Beziehung stören oder gar abbrechen, wir würden abgelehnt. In Wirklichkeit ist es gerade umgekehrt: Die Bejahung der eigenen Grenzen schafft gesunde Beziehungen. Grenzen schaffen Klarheit in der Beziehung und damit Freiheit. *(8)*

WIR ERKENNEN in dem, was wir vom andern erfahren, einen Verweis auf die absolute Liebe. Und so hält uns die Beziehung zum andern lebendig auf unserem Weg zu dieser absoluten Liebe hin, die Gott ist. Daher ist für mich die Beziehung zu Gott eine große Hilfe, damit die Beziehung zu den Menschen gelingt. *(1)*

Dankbarkeit

Dankbarkeit klammert sich an nichts. Sie ist eine Grundhaltung, die durch alles, was geschieht, genährt werden kann. Es ist immer der Augenblick, in dem ich dankbar bin, dankbar für das, was mir gerade jetzt widerfährt, was mich in Bewegung bringt, was mich herausfordert, was mich beglückt. *(1)*

Dankbarkeit macht den Menschen aus, weil wir uns in dieser Haltung unserer existentiellen Bezogenheit bewusst werden, die Verbundenheit mit anderen spüren und anerkennen, dass wir nicht allein leben. Das gilt für unsere Beziehung zu anderen Menschen, auf die wir verwiesen sind und ohne die wir gar nicht leben könnten. Es gilt aber auch für unsere Beziehung zu Gott, der der tiefste Grund für unser Dasein ist. Dankbarkeit sei das tiefste Gebet, hat David Steindl-Rast einmal gesagt. *(1)*

DANKBARKEIT GIBT dem Leben einen wunderbaren Geschmack. Die Dankbarkeit verwandelt mein Leben. Wenn ich mein Leben mit Dankbarkeit anschaue, wird sich das Dunkle erhellen und das Bittere wird einen angenehmen Geschmack bekommen. Die Dankbarkeit bewahrt mich vor Kleinmut und Verbitterung und bringt mich Gott näher. *(1)*

ES GEHT vor allem darum, sich selbst anzunehmen und dankbar zu sein für das, was man ist. Sehen Sie sich selbst mit guten Augen an. Sie sind einmalig so, wie Sie sind. Sie sind wertvoll. Sie haben vor Gott einen unendlichen Wert. Sie können in Ihre Selbstzweifel immer wieder das Wort sagen, das Ihnen in der Taufe zugesagt worden ist: »Du bist mein geliebter Sohn, du bist meine geliebte Tochter, an dir habe ich mein Wohlgefallen.« Sie sind wertvoll, bevor Sie etwas geleistet haben und bevor Sie Ihre Stärken vorweisen. *(3)*

Demut

Es braucht im Umgang mit uns selbst die alten Haltungen der Demut und des rechten Maßes. Nur dann werden wir einen Weg finden, uns mit uns auszusöhnen, ja zu sagen zu uns, so wie wir sind, und zugleich die Hoffnung nicht aufzugeben, dass wir innerlich weiter wachsen werden und immer mehr in die Gestalt hinein geformt werden, die sich Gott von uns gemacht hat. *(3)*

Demut – *humilitas* – meint den Mut, hinabzusteigen vom Thron meiner Selbstgerechtigkeit und Mensch unter Menschen zu werden, mich in meiner Menschlichkeit, meiner Erdhaftigkeit anzunehmen. *Humilitas* kommt von *humus*, Erde. Wer demütig ist, steht mit beiden Füßen auf der Erde und erhebt sich nicht über andere. *(3)*

DAS EINGESTÄNDNIS unserer Grenzen tut weh. Und es erfordert Demut. Demut meint den Mut zur Wahrheit, den Mut, hinabzusteigen in die Realität unseres Leibes und unserer Seele, in die Realität unserer psychischen Konstitution. Demut meint Bodenhaftung: Ich stehe mit beiden Füßen auf dem Boden. Ich hebe nicht ab und ergehe mich nicht in Luftschlössern. Wer auf dem Boden steht, der steht auch zu seinen Grenzen. Er weiß, dass er von der Erde genommen ist – und daher begrenzt in seinen Möglichkeiten. *(8)*

DEMUT IST etwas anderes als Resignation. Die Demut muss immer mit Hoffnung verbunden sein. *(13)*

Ego

WER NUR auf sich hört, hat keine Chance, jene leise Stimme zu hören, die mich weglockt vom Kreisen um das eigene Leben. Wer sich nur an seinen Erfahrungen festklammert, der kann auch nicht loslassen, der ist nicht frei, sich auf die Welt und ihre Probleme einzulassen. Die Welt stört ihn nur in seiner Beschäftigung mit sich selbst. Nur wer sein Ego überwindet und mit seinem inneren Grund in Berührung kommt, wird echte Freiheit erfahren. Und aus dieser Freiheit heraus sich auch einlassen können auf die Welt. *(4)*

DAS EGO will imponieren. Und es bläht sich auf. Es entwickelt grandiose Selbstbilder, die aber der Realität meistens nicht entsprechen. Egozentrische Menschen isolieren sich selbst. Sie stoßen die andern ab. Wer sein wahres Selbst gefunden hat, der kann auch den andern auf gute Weise begegnen. Er will sie nicht ver-

einnahmen. Er ist offen für ihr Geheimnis.
Und er ist mit sich in Frieden. Er ist authentisch. Er ist ganz er selber geworden. Um zu
unserem wahren Selbst zu gelangen, müssen
wir das Ego loslassen. *(1)*

DIE BEGEGNUNG mit dem Du Gottes verlangt,
dass ich die Enge meines Egos aufgebe, um mit
dem ganz anderen Gott eins werden zu können. Aber in der Einheit bleibt das Wissen um
die Dualität von Ich und Du. Es geschieht im
Eins-Werden mit Gott das, was Martin Buber
als Geheimnis echter Begegnung erkannt hat:
»Ich werde am Du.« Ich finde mein wahres
Sein erst, wenn ich ausbreche aus dem engen
Ego und mich einlasse auf das ganz andere Du
Gottes. *(8)*

Einfachheit

FÜR DIE frühen Mönche bestand die Kunst des Lebens in der Einfachheit und Schlichtheit: sich mit wenigem zufriedenzugeben, offen sein für das, was gerade da ist. Im Wort »einfach« klingt aber auch die Sehnsucht nach Einswerden an. Bei den deutschen Mystikern bedeutet Einfachheit die Lauterkeit des Herzens. *(14)*

EINFACH SEIN heißt: klar sein, eins sein mit sich selber, ohne Nebenabsichten, ohne alle möglichen Tricks und ohne dieses ständige Hinschauen: Was denken die anderen von mir? Das einfache Im-Augenblick-Sein, hat mit Freiheit zu tun: frei sein von den Urteilen und von den Erwartungen der anderen. *(14)*

Einssein

Jeder Mensch erfährt in seinem Leben immer wieder Augenblicke des Einsseins. Im Urlaub auf einer Bank sitzend fühlt er sich auf einmal eins mit sich und mit der Welt, einverstanden mit seinem Leben. In diesem Gefühl von Einssein ist er letztlich auch eins mit Gott. Denn dieses Gefühl schließt nichts aus. Es reicht in alle Bereiche des Seins. Solche Erfahrungen des Einsseins widerfahren auch Menschen, die von sich nicht behaupten würden, sie seien sehr religiös. In diesem Augenblick ahnen sie, dass ihr Sein über ihr enges Ich hinausreicht und das Geheimnis des Seins berührt. *(1)*

Ich bin in der Stille einfach eins mit mir selbst. Und in dieser Einheit fühle ich mich zugleich eins mit allem, was ist, eins mit der Schöpfung, eins mit den Menschen und eins mit dem Urgrund allen Seins, mit Gott. In dieser Erfahrung des Einsseins steht die Zeit still. Da fallen

Zeit und Ewigkeit zusammen. Da sind Gott und Mensch eins. Himmel und Erde verbinden sich. Es sind tiefe Augenblicke des Glücks, die in der Stille möglich sind. *(4)*

Es GIBT in unserem Leben kein Zurück in das Paradies des ununterbrochenen Einsseins. Wir leben im Hin und Her zwischen Nähe und Distanz, zwischen Einheit und Trennung. Das Paradies endgültiger Einheit erwartet uns erst, wenn wir im Tod eins werden mit Gott und mit uns selbst und miteinander. *(8)*

Einsamkeit

EINSAMKEIT IST immer beides: die Chance, tiefer in das eigene Herz und in die eigene Seele zu gelangen; zum anderen: der Schmerz darüber, allein zu sein. Daher gilt es, die Einsamkeit auch zu betrauern, den Schmerz zuzulassen. Dann komme ich durch den Schmerz der Traurigkeit hinein in den Grund meiner Seele. Dort spüre ich eine neue Tiefe. Und in dieser Tiefe bin ich einverstanden mit mir und meinem Leben. *(3)*

Engel

ENGEL SIND für mich ein Bild für Gnade. Und, auf unser Leben bezogen, auch ein Bild für innere Fähigkeiten, für das innere Potenzial, mit dem ich frei und schöpferisch umgehe und das ich in meinem Leben entfalten kann. Viele Menschen haben die Ahnung, dass sie jemand begleitet in ihrem Bemühen, »recht« zu leben. Dieser Begleiter ist der Engel. Er kommt als Bote Gottes in mein Leben, in mein Herz: das heißt in jene Lebensmitte, in der sich die Richtung meines Lebens entscheidet. *(6)*

JEDER MENSCH hat einen Engel. Niemand ist nur auf sich gestellt, so einsam er auch sein mag, so verlassen er sich auch fühlen mag. *(3)*

EIN MENSCH kann Engel werden, eine Idee oder ein Impuls, ein Traum kann Botschaft des Engels sein. Verstorbene können zu Engeln werden. Es geht immer wieder vor allem da-

rum, dass wir einfach das Vertrauen haben: Wir
sind nicht allein. *(3)*

ENGEL BRINGEN uns in Berührung mit dem Potenzial, das in unserer Seele liegt. Aber wir können über die Engel nicht verfügen. Sie sind eine
Wirklichkeit, über die wir aber nur in Bildern
sprechen können. Die Künstler haben nicht
umsonst die Engel mit Flügeln dargestellt. Engel beflügeln uns, sie schenken unserer Seele
Leichtigkeit. Aber das Bild der Flügel will uns
auch sagen: Wenn wir zu genau wissen wollen,
was die Engel sind, wie sie ausschauen und was
sie uns ganz konkret und genau sagen, dann
fliegen sie weg. Über Engel kann man nur
schwebend sprechen. Engel sind getreue Begleiter auf unserem Weg. Aber sie sind zugleich
unverfügbar. *(3)*

ENGEL SCHÜTZEN unsere Person und bringen
uns in Berührung mit unserer Seele, mit dem
inneren Raum der Liebe und Freiheit. *(15)*

Entscheiden

SIE SOLLEN sich davon verabschieden, dass Sie die absolut richtige Entscheidung treffen müssen. Und machen Sie sich bewusst, dass jede Entscheidung für etwas immer auch eine gegen die andere Alternative ist. Sie können nicht alles zugleich leben. Das, was Sie ausschließen, das müssen Sie betrauern. Ohne den Schmerz des Betrauerns der eigenen Begrenztheit kann ich mich nicht entscheiden. Und es braucht das Vertrauen, dass Gott Sie dann auf diesem Weg, für den Sie sich entschieden haben, auch begleitet und ihn segnet. *(3)*

HALTEN SIE im Gebet Ihre Zerrissenheit Gott hin. Vielleicht bewirkt dann das Gebet oder die Meditation in Ihnen Ruhe und Klarheit. Erst wenn Sie in sich innere Klarheit spüren, können Sie eine Entscheidung treffen. *(3)*

Erlösung

ERLÖSUNG FÄNGT hier im Leben an. In den Geschichten von Jesus wird erzählt: Er ist gekommen, um uns hier in unserem Leben zu erlösen, zu retten, zu heilen. Er hat Kranke geheilt, Gebeugte aufgerichtet, Sündern ihre Sünden vergeben und Menschen, die sich aufgegeben haben, wieder Mut zum Leben geschenkt. Das zeigt: Erlösung erfahren wir hier in unserem Leben als etwas Heilendes und Befreiendes. Auch wenn wir nicht schwer krank sind oder unter dem Druck eines harten Schicksals leiden, erfahren wir uns immer auch als Menschen, die endlich sind und deren Leben durch den Tod bedroht ist. Jesus ist nicht nur gekommen, damit es uns hier besser geht. Die Erlösung durch ihn schließt den Tod mit ein. Auch im Tod werden wir nicht alleingelassen, sondern wir werden gemeinsam mit ihm das Tor zum ewigen Leben durchschreiten. *(1)*

Im Tod werden alle Fesseln gelöst. Da werde ich ganz frei und ganz echt und nur noch reine Liebe sein. Da werde ich für immer eins mit Gott und mit mir selbst und mit all den Menschen, die ich je geliebt habe. Da erlebe ich in der Grenze zu Gott gleichzeitig die göttliche Aufhebung aller Grenzen. Die Hoffnung auf die endgültige Erlösung bedeutet kein Überspringen dieser Welt. Im Gegenteil: Hoffnung hat jetzt und hier schon erlösende Kraft. Denn sie befreit mich schon hier von aller Angst und lässt mich daher die Gegenwart und meinen Alltag anders erleben. Ich bin frei, selbst lösend zu wirken und heilend auf andere zuzugehen. Ich selbst bin in der Lage, die Fesseln anderer zu lösen und befreiende Liebe in die Welt hineinzutragen. *(1)*

Erlösung ist dabei nicht die Beseitigung all unserer Angst, sondern die Befreiung aus der Enge unseres Herzens mitten in der Angst. *(7)*

Erziehen

ENTSCHEIDEND IST, Kinder mit aller Sorge und Liebe zu erziehen und dabei auch dem eigenen Gefühl zu trauen. Wichtig ist, darauf zu vertrauen, dass der Samen, den wir in die Kinder hineingelegt haben, irgendwann auch einmal aufgehen wird. Und wenn sich die Kinder anders entwickeln, dürfen Eltern darauf vertrauen, dass ihre Kinder einen Engel haben, der sie auf allen Umwegen und Irrwegen begleitet und sie irgendwann auf den Weg führen wird, der für sie stimmt und sie zum Leben bringt. *(3)*

ZUR GESUNDEN Entwicklung des Kindes gehört es, dass es die Grenzen der Realität annimmt. Die Mutterbrust steht dem Kind nicht immer zur Verfügung. Es gibt nicht zu jeder Zeit zu essen. Es gibt alles nur mit Maß. Menschen, die nicht lernen zu verzichten, sind unfähig, ein starkes Ich zu entwickeln. *(8)*

GERADE IN unserer Welt, in der alles erlaubt zu sein scheint, sehnen sich Kinder nach Klarheit. Aber sie sehnen sich auch nach Verstandenwerden. Sie möchten ernst genommen werden. *(3)*

GUTE VÄTER schicken ihre Söhne und Töchter auf den Weg. Sie geben ihnen Mut, selbst ihren Weg zu suchen und zu gehen. Väter, die ihre Söhne und Töchter in ihre eigenen Erwartungen pressen, sind letztlich tot. *(8)*

LOSLASSEN UND Vertrauen gehören zur Kunst der Erziehung. Sie sind Voraussetzung, dass Kinder selber Vertrauen ins Leben lernen. Die Kinder müssen sich von den Eltern lösen. Nur dann können sie dankbar sein für die positiven Wurzeln, die sie den Eltern verdanken. *(19)*

Ewigkeit

Ewigkeit ist der Augenblick, der ganz tief erlebt wird, in dem ich ganz in dem bin, was ich tue, was ich fühle, was ich bin. Sie ist eine Erfahrung, die den ganzen Leib durchdringt, die den Menschen in Leib und Seele vibrieren lässt, die das Innerste des Menschen erschüttert. Diese Lust hat in sich etwas vom Geschmack der Ewigkeit. Und sie verweist auf den, der allein unsere tiefste Sehnsucht zu erfüllen vermag. *(12)*

Ewiges Leben ist nicht in erster Linie das Leben nach dem Tod, sondern eine eigene Qualität von Leben. Es ist ein Leben, das jetzt schon das Ewige und Göttliche in sich birgt. Weil der Tod keine Macht hat über dieses göttliche Leben, wird das ewige Leben den Tod überdauern. Das ewige Leben hat keine »Dauer«, sondern ist Leben in jedem Augenblick, Leben in Fülle. *(8)*

Unsere Sehnsucht wird erst im Tod aufhören. Erst da wird sie für immer erfüllt werden. Dennoch brauchen wir dieses Glück nicht festzuhalten, weil es uns verweist auf eines, das ewig bleiben wird. *(1)*

Wir können in unserem Leben als Menschen die Ewigkeit nicht festhalten. Aber in dem Augenblick, in dem wir ganz im Schauen sind, in dem Zeit und Ewigkeit zusammenfallen, haben wir eine Ahnung von etwas Dauerhaftem, Beständigem, Ewigem, das nicht wieder zerfällt. In diesem Augenblick verstehen wir, was Ewigkeit ist. Und in solchen Augenblicken erfahren wir auch einen inneren Zusammenhang zwischen unserer begrenzten Lebenszeit und der Ewigkeit. In unsere begrenzte Zeit bricht immer wieder Ewigkeit ein. Da berühren wir etwas, was die Zeit übersteigt und der Vergänglichkeit der Zeit nicht unterworfen ist. Das, was wir in solchen Erfahrungen nur ahnen, wird nach dem Tod für immer Wirklichkeit sein. *(1)*

Freiheit

DIE MENSCHEN dürfen Erwartungen an mich haben. Aber ich habe die Freiheit, auf die Erwartungen zu reagieren. Ich entscheide, welche Erwartungen ich erfülle und gegenüber welchen ich mich abgrenze. Wenn ich diese innere Freiheit habe, dann werde ich nicht aggressiv sein gegenüber den Menschen, die Erwartungen haben. Ich respektiere ihre Ansprüche. Ich verstehe sie: »Du darfst diese Ansprüche haben. Aber ich kann und will diese Ansprüche nicht erfüllen. Ich tue das, was ich für richtig halte.« Oft haben Menschen Angst, gegenüber den Erwartungen anderer Nein zu sagen. Sie könnten die anderen verletzen. Oder sie könnten selbst abgelehnt werden und dann nicht mehr so beliebt sein. Nicht die Ansprüche sind das Problem, sondern unsere Reaktion darauf. Wir müssen die innere Freiheit wiedergewinnen. Dann können wir gelassen mit den Ansprüchen umgehen. *(1)*

WENN ICH mit mir selber im Einklang bin, werde ich den anderen in aller Freiheit begegnen. *(3)*

WER IN Gott seinen Grund hat, der ist frei von der Macht der Menschen. Er richtet sich nicht nach ihren Erwartungen und Maßstäben. Diese Erfahrung ist letztlich die tiefste Erfahrung von Freiheit. Denn jetzt stehe ich nicht mehr unter der Herrschaft von Menschen. Sie können zwar äußerlich über mich herrschen, aber nicht über mein wahres Selbst. Das ist Freisein. *(1)*

ÄUSSERER DRUCK macht mich lebendig. Aber nur dann, wenn ich zugleich eine innere Freiheit dem Druck gegenüber fühle. Ich muss nicht unter allen Umständen die äußeren Vorgaben erfüllen. Ich nehme sie als Herausforderung. Aber was nicht geht, geht nicht. *(3)*

Freude

FREUDE SCHAFFT Gegenwart. Und umgekehrt bewirkt die Fähigkeit, ganz im Augenblick zu sein, Freude. Freude ist Ausdruck des reinen Seins, der klaren Gegenwart. *(12)*

DAS DENKEN kreist immer um die Vergangenheit oder Zukunft. Die Freude spüre ich in der Gegenwart, und sie macht mich selber gegenwärtig. In der Freude komme ich mit mir selbst in Berührung. Im Denken bin ich immer von mir selbst entfernt. Die Freude bringt mich in die Nähe zu mir selbst und in die Nähe zum gegenwärtigen Augenblick. *(12)*

LUST AM Leben ist die Kunst, ganz im Augenblick zu leben, mit allen Sinnen zu leben, das zu sehen und zu spüren, was gerade ist. *(12)*

DIE FREUDE geht auf leisen Sohlen. Man merkt sie kaum, wenn sie in unser Herz eintritt. Aber sie haust dort, wenn wir sie nicht gewaltsam vertreiben. Wenn die Freude Durst hat, leckt sie die Tränen von unseren Träumen. Sie wischt uns die Tränen vom Gesicht, damit sie unsere Träume nicht mehr verstellen. Die Freude bringt uns in Berührung mit den Träumen. Sie lässt die Träume wahr werden. Freude erfüllt uns mit Lebendigkeit. Freude atmet Leichtigkeit. Wie die Musik schwingt sie sich über die Erdenschwere hinweg und erhebt sich wie ein Vogel in die Lüfte. *(12)*

AUF DEM Grund des Herzens liegt die Freude in jedem Menschen bereit: ein Schatz, den wir heben können. *(1)*

Freundschaft

Ein Freund nimmt die Melodie meines Herzens in sich hinein, um sie dann wieder neu zum Klingen zu bringen, wenn sie in mir verstummt ist. *(6)*

In der Freundschaft berühre ich das Herz des andern mit all seinen Höhen und Tiefen. Ich spüre, was er fühlt und denkt. Ich sehe, was ihn bewegt und bedrängt. Ich verzichte darauf, zu urteilen und zu bewerten. Ich schaue einfach hin und nehme alles so, wie es ist. Wer den Freund oder die Freundin in seiner ganzen Tiefe erkannt hat, der wird nun auch andere Menschen mit einem klareren Blick betrachten. Und er wird darauf verzichten, sie zu beurteilen. Die Freundschaft befähigt ihn, auch andere Menschen vorurteilslos anzunehmen. *(6)*

Es IST immer etwas Geheimnisvolles um das Werden der Freundschaft. Auf einmal ist sie da. Die Türe in meinem Herzen wurde gerade für diesen Menschen geöffnet. *(6)*

Friede

FRIEDE KANN nicht von oben verordnet werden. Er muss hineingebracht werden gerade in die Orte des Unfriedens. *(8)*

DER FRIEDE muss von innen her kommen, nicht mit äußerer Macht. Und der Friede entsteht nur, wenn wir mit uns selbst in Einklang kommen. Mit sich zufrieden wird der, der ganz im Augenblick lebt, der seine Wünsche loslässt und sich auf diesen Augenblick einlässt. Er sagt Ja zu dem, was er ist und was er hat.

Jeder kennt in sich die Sehnsucht nach Frieden. Wenn wir aber ehrlich sind, entdecken wir in uns auch Bereiche, die voller Unfrieden sind, in denen wir uns zerrissen fühlen. Wir müssen den Frieden eindringen lassen in die unbefriedeten Bereiche unserer Seele, in das innere Chaos, in die Grabenkämpfe, die sich in unserem eigenen Herzen abspielen. *(8)*

WENN DER Friede alle Bereiche in uns durchdrungen hat, dann wird er auch die Grenzen überspringen, die wir zwischen uns Menschen errichtet haben: die Grenzen zwischen Arm und Reich, die Grenzen zwischen Juden und Griechen, zwischen Männern und Frauen, zwischen Alten und Jungen und die Grenzen zwischen den verschiedenen Kulturen. Wir haben es nicht mehr nötig, uns gegenüber Andersdenkenden abzugrenzen. Wir wünschen ihnen den Frieden, den wir im Herzen spüren. *(8)*

Gebet

WIR DÜRFEN Gott um alles bitten, für uns oder für andere Menschen. Und manchmal dürfen wir auch erfahren, dass das Gebet etwas bewirkt, so, dass es uns oder dem andern besser geht, dass eine Krankheit geheilt wird. Aber das ist nicht selbstverständlich. In jedem Gebet fügen wir hinzu: »Dein Wille geschehe!« Wir können im Gebet Gott nicht zu etwas zwingen. Wir können ihn bitten. Im Bitten verwandelt sich schon unsere Situation. Und manchmal dürfen wir auch das Wunder erfahren, dass sich wirklich etwas wendet. Zumindest verwandelt das Gebet uns. Wenn ich für einen anderen bete, bekomme ich mehr Hoffnung ihm gegenüber und kann ihm so vertrauensvoller begegnen. Das Gebet verändert mich und meine Beziehungen. Und ich darf vertrauen, dass Gott im andern neue Gedanken bewirkt, ihn mit Frieden und Zuversicht erfüllt. *(1)*

DAS BETEN nimmt uns nicht die Bedrängnis. Aber es will uns einen festen Stand in der Bedrängnis geben. Es bringt uns mitten in der Aussichtslosigkeit unserer niedergedrückten Gefühle in Berührung mit der Kraft, die auf dem Grund unserer Seele ist. *(13)*

WIR BETEN nicht gegen unsere Angst, sondern mit unserer Angst. Sie verweist mich auf Gott, ist also nicht mehr der Feind, den ich bekämpfen muss, sondern der Freund, der mich zu Gott führt. Sie zeigt mir, dass ich nicht nur auf mich und meine Kraft angewiesen bin, sondern allein auf Gott vertrauen kann. *(7)*

Geduld

GEDULD HEISST nicht, sich für immer mit dem Konflikt zu arrangieren oder faule Kompromisse zu schließen. Ohne Warten erstarrt der Mensch. Wer nicht mehr warten kann, der vermag auch das Geheimnis der Zeit nicht zu verstehen. Zeit ist immer Verheißung des Ewigen. *(5)*

ES LIEGT wohl in der Natur des Menschen, dass er alles selber machen will. Im Warten trägt er schwer an seiner Ohnmacht, dass das Wachsen und Reifen nicht ihm gehorcht, sondern einem anderen, dem inneren Prozess oder Gott, der das Wachsen und Reifen bewirkt. *(6)*

IN-SICH-HINEINSPÜREN braucht Zeit und Geduld. Aber nur so bekomme ich ein Gespür für mein unverwechselbares Wesen. Vielleicht formen sich auch Worte, die meine Lebensspur ausdrücken.

Für mich persönlich ist so ein Wort: Weite. Ich möchte mit einem weiten Herzen auch um mich herum Weite und Freiheit ausstrahlen. *(4)*

WIR ARBEITEN immer mehr an uns und kommen doch keinen Schritt weiter. Da ist es wichtig, sich mit der eigenen Durchschnittlichkeit auszusöhnen. Das heißt nicht, die Hände in den Schoß zu legen. Aber es heißt, sich von der Illusion zu befreien, ich müsse auch das persönliche Wachstum immer mehr beschleunigen. *(3)*

Gelassenheit

WENN ICH einen alten und fest verwurzelten Baum sehe, spüre ich etwas von der Kraft, die auch gelassene Menschen ausstrahlen. Und ich spüre bei einem solchen Anblick: Krisen können auch Kraft geben. *(4)*

ACHTSAMKEIT UND Wachsamkeit bedeuten nicht, dass wir nur warten auf das, was kommt. Wachsamkeit ist keine Flucht vor der Realität, sondern ein Sich-Einlassen auf das, was gerade dran ist. Die Liebe zum Augenblick braucht als Voraussetzung die Gelassenheit. Ich muss mein Ego losgelassen haben, um so frei zu sein, dass ich ganz präsent bin. *(4)*

GELASSENHEIT IST eine christliche Tugend, die mit der Bereitschaft, sich auf die Wirklichkeit, so wie sie ist, einzulassen, durchaus zusammenpasst. Sie ist das Gegenteil einer Abkehr von der Welt, der der Gang der Dinge und das

Schicksal der Menschen gleichgültig sind und die sich von der Not der anderen nicht berühren lässt. Diese Gelassenheit ist aber auch das Gegenteil von verbissener Leidenschaft, die in Gefahr steht, in Fanatismus und Gewalttätigkeit umzuschlagen. Auch wenn Gelassenheit bedeutet, loslassen zu können und an Zielen nicht festzuhalten, wenn sie sich als unerreichbar herausstellen, heißt das nicht, dass damit auch die Sehnsucht stirbt und der Traum von einer besseren Welt einfach ausgeträumt ist. *(4)*

GELASSEN KANNST du ganz gegenwärtig sein. Gelassen kannst du den Augenblick genießen. Gelassen bist du frei vom Druck. Du musst nicht alles Mögliche erleben. Du erfährst das Leben in Fülle. Und du wirst spüren: Mehr gibt es nicht. *(4)*

Gerechtigkeit

WIR KÖNNEN die Gerechtigkeit immer nur an-
mahnen und selbst versuchen, um uns herum
der Gerechtigkeit mehr Raum zu geben. Es ist
meine persönliche Herausforderung, den Menschen gerecht zu werden, die um mich herum
sind, in meiner Familie, in meiner Firma, in
meiner Gemeinde. Die Gier, die ich in meiner
Umgebung sehe, ist auch in meinem Herzen.
Insofern ist der Blick auf die gierige und un-
gerechte Welt um mich herum immer auch
eine Herausforderung, in das eigene Herz zu
schauen und dort frei zu werden von der Gier.
Insofern ist es wichtig, dass ich den Frieden im
eigenen Herzen finde. Ich kann ihn nicht finden, indem ich aus der Welt auswandere, sondern indem ich mitten in der Welt frei werde
von den Maßstäben dieser Welt. *(3)*

In der Gerechtigkeit geht es nicht nur um die soziale Gerechtigkeit, dass ich allen Menschen gerecht werde und die Güter in der Welt gerecht verteile. Vielmehr beginnt die Gerechtigkeit damit, dass ich den verschiedenen Seelenkräften gerecht werde. Ich muss also alles, was in mir ist, berücksichtigen, damit ich richtig leben kann. *(4)*

Gewissen

DIE STIMME Gottes im Gewissen führt immer zu mehr Lebendigkeit, Freiheit, Frieden und Liebe. Die Stimme des Über-Ichs dagegen engt ein und macht Angst. Sie überfordert uns und erzeugt in uns ein schlechtes Gewissen. *(1)*

ICH MUSS meiner inneren Stimme folgen, auch wenn die Menschen in meiner Umgebung mich von meinem Weg abhalten möchten. Ich brauche nicht den Beifall der anderen. Die innere Stimmigkeit genügt, um meinen Weg entschlossen zu gehen. *(8)*

Glauben

FÜR MICH ist der Glaube vor allem die Fähigkeit, alles in meinem Leben in Beziehung zu setzen zu Gott und letztlich selbst immer in Beziehung zu sein, in Beziehung zur Transzendenz und in Beziehung zu dem Boden, auf dem ich stehe, zu mir selbst und zu den Menschen, die sich neben mich stellen, um mir zu begegnen und in der Begegnung ihren eigenen Stand zu finden. *(1)*

DER GLAUBE ist ein Heraustreten aus dem Strudel, um einen festen Grund zu finden, auf dem wir das Haus unseres Lebens bauen können, ohne dass es einstürzt. Wenn ich einen festen Stand im Glauben habe, dann kann ich auch in eine gute Beziehung treten, in die Beziehung zu Gott, in dem ich stehe, aber auch in Beziehung zu mir selbst und zu den Menschen. *(1)*

WENN WIR glauben, dass etwas gut wird, dass Gott uns das Gelingen schenkt, dann hat das sicher eine Wirkung. Und oft genug dürfen wir erfahren, dass das, woran wir glauben, auch eintrifft. Aber der Glaube ist keine magische Kraft, die automatisch herbeizaubert, was sie glaubt. *(3)*

Glück

GLÜCK IST Ausdruck von erfülltem Leben. Am Glück arbeiten, das heißt also einmal: ein erfülltes Leben zu leben, bewusst zu leben, mit allen Sinnen zu leben, die Kraft, die in mir liegt, auch einzusetzen und mich einer Aufgabe oder einem Menschen hinzugeben. Aber man kann das Glück nicht in dem Sinn machen, dass man etwa nur ein bisschen joggt, um auf diese Weise Glückshormone auszuschütten, die im Gehirn positive Emotionen auslösen. Dieses Glück ist nur ein momentanes Gefühl, das nicht trägt. Es gibt keine schnellen Methoden, sich glücklich zu machen. Glück, das von Dauer sein soll, verlangt eine innere Haltung. Erasmus von Rotterdam nennt den Kern des Glücks: »der sein zu wollen, der du bist«. Das ist keine leichte Vorgabe, das verlangt innere Arbeit. Das heißt: Ich muss Abschied nehmen von den Illusionen, die ich mir von mir gemacht habe, von der Illusion, perfekt zu sein, der Größte, der Intelligenteste, der Erfolgreichste zu sein. Es heißt aber auch: Ich söhne mich nicht nur mühsam aus mit dem, was ich bin. Vielmehr sage ich bewusst Ja zu mir. Ich will der sein, der ich bin. Ich bin einverstanden mit mir und meinem Leben. *(1)*

Das Glück ist nicht etwas rein Subjektives. Es liegt in der Frische des Morgens, im Zauber des Augenblicks, in der Schönheit der aufgehenden Sonne. Doch wer nicht aufwacht, kann das Glück nicht wahrnehmen, das ihn umgibt. *(12)*

Wer das Glück nicht in seiner Seele spürt, der läuft ihm in der Welt des Besitzes oder Erfolges vergeblich hinterher. Er wird nie genug besitzen, er wird nie genügend beachtet werden, er wird nie so viel Erfolg haben, dass er glücklich ist. Glück wohnt in der Seele, im inneren Bereich des Menschen. *(10)*

Gott

GOTT IST überall. Wir dürfen ihn uns nicht wie einen Geist vorstellen, der sich unsichtbar hin und her bewegt und überall auftaucht. Gott ist vielmehr der Grund, der alles durchdringt, der Geist, der alles durchgeistet, die Energie, die in allem fließt, die Liebe, die alles durchwirkt. Gott ist in mir und außerhalb von mir. Er ist der Schöpfer, der die Welt trägt. Und er ist die Kraft, die alles durchdringt. Gott ist der, der mich begleitet. Und er ist der ferne und unbegreifliche Gott (…) Er ist der, der mich herausfordert und auf den Weg schickt, und der, der mich trägt und mir Heimat schenkt. Er ist der ganz Andere und doch auch ganz in mir. Dort wo ich ganz ich selbst bin, bin ich auch in Berührung mit Gott, der mich zu meinem wahren Selbst führt. *(1)*

GOTT IST die Liebe, die uns umgibt und die in uns ist. Er ist das unbeschreibliche Geheimnis, das uns in allem aufscheint. Er ist ein Du, das uns gegenübertritt. Und er ist der Geist, der auf dem Grund unserer Seele in uns ist wie eine Quelle, die unaufhörlich sprudelt und uns mit Frische und Lebendigkeit erfüllt. Der Mystik in allen Religionen geht es darum, mit diesem unbegreiflichen Gott, der letztlich von seinem Wesen her Liebe ist, eins zu werden. *(1)*

GOTT IST das eigentliche Ziel meines Lebens (…) Ich kann Gott nicht suchen, indem ich möglichst viel daran arbeite. Suchen ist zwar auch ein Stück Arbeit, aber eine andere als die, die ich in der Verwaltung oder beim Schreiben verrichte. Es ist eine innere Arbeit, die Arbeit an meiner Seele, ein Ausstrecken nach dem ganz Anderen, ein Mich-Öffnen dem unbegreiflichen Geheimnis gegenüber. *(4)*

Grenzerfahrung

DAMIT MEIN Leben gelingt, muss ich mich in meiner Begrenztheit erkennen, annehmen und lieben. Mein geistiges und seelisches Potenzial ist nun einmal beschränkt. Ich kann und soll zwar versuchen, diese Grenzen zu erweitern, aber das geht nicht beliebig. *(8)*

ICH MUSS um meine Grenze wissen. Erst dann kann ich sie immer wieder überschreiten, um auf den anderen zuzugehen und ihm zu begegnen, ihn in der Begegnung zu berühren und darin möglicherweise einen Augenblick von Eins-Werden zu erfahren. *(8)*

DIE EINHALTUNG der äußeren Grenze ist auch für die menschliche Seele wichtig. Damit der Mensch nicht innerlich zerfließt, sondern seine Identität bewahrt, braucht er den Schutz der Grenzen. *(8)*

Heimat

Dᴏʀᴛ, wo Gott in mir wohnt, bin ich zugleich ganz ich selbst. Da bin ich frei von den Erwartungen der Menschen, von ihren Urteilen und Verurteilungen. Da bin ich heil und ganz. Dort kann niemand mich verletzen. Dort bin ich ursprünglich. Wer diese Erfahrung macht, der ist in seinem Inneren angekommen, der ist bei seinem wahren Selbst angelangt. Und dort fühlen wir uns daheim. *(16)*

Dᴀʜᴇɪᴍ ʙɪɴ ich dort, wo ich geliebt werde, wo ich keine Rolle spielen muss, wo ich sein darf, wie ich bin, weil ich mich bedingungslos geliebt weiß. Auch diese Erfahrung hat mit einer Liebe zu tun, die größer ist als die persönliche Sympathie. Ich muss mir diese Liebe nicht erarbeiten. Sie wird mir geschenkt. Sie ist einfach da. Ich bin von dieser Liebe getragen. *(7)*

Helfen

VERSUCHE, DEN Schlüssel zum anderen zu finden. Schließe die Tür zu dem Potenzial des anderen auf, damit das Leben in ihm zu fließen beginnt. Hilf einem Menschen zu mehr Leben. Dann wirst du selbst beschenkt. Du selbst wirst lebendiger werden. *(4)*

Herz

WENN ICH etwas haben will, übt es in der Tat einen eigenartigen Reiz aus, es zieht mich an, fesselt meine Gedanken und Gefühle. Sobald ich jedoch das Ersehnte besitze, verliert es oft schon bald seinen Glanz, wird alltäglich, nüchtern, reizlos. Die Folge: Ich möchte immer mehr Anderes und Neues haben. Doch es gilt: »Nur was wir ersehnen, ist unser Eigentum. Was wir besitzen, haben wir schon verloren« (Adolf von Harnack). Glück kann gerade im Nichtbesitz liegen und im Besitzen gefährdet sein. Was ich ersehne, ist in meinem Herzen. *(10)*

WORTE, DIE von Herzen kommen, verbinden sich mit dem Herzen dessen, dem die Worte gelten. Sie schaffen Beziehung: Etwas fließt zwischen den Herzen hin und her. *(2)*

Himmel

WENN WIR den Himmel in uns entdecken, dann brauchen wir uns nur nach innen zu wenden. Dann sind wir im Himmel. Dann hören wir auf zu hetzen. *(12)*

DAS REICH Gottes ist in uns, wenn wir nicht mehr von unseren Leidenschaften und Emotionen, von unseren Bedürfnissen und Wünschen hin und her gerissen werden. *(10)*

WIR TRAGEN den Himmel, auf den wir zugehen, schon in uns. So ist der ganze Weg zum Himmel schon Himmel. Dort, wo Gott in uns wohnt, dort ist der Himmel. Dort weitet sich das Herz. *(12)*

Hingabe

VIELE HABEN heute Angst, sich hinzugeben. Sie meinen, sie würden sich dann aufgeben. Aber zu einem gesunden Leben gehört es, dass das Leben in uns fließt. Es fließt aber nur, wenn wir uns hingeben, wenn wir uns auf Menschen einlassen und auf die Arbeit, wenn wir Freude daran haben, uns zu engagieren. *(4)*

WIR BRAUCHEN ein gutes Gespür dafür, wo die Hingabe angebracht ist. Aber dort, wo wir uns hingeben, dürfen wir nicht ängstlich die Stunden zählen oder die Energie, die wir verwenden. Wenn wir in der Hingabe aus der inneren Quelle des Heiligen Geistes schöpfen, dann werden wir nicht erschöpft werden. Und die Hingabe wird uns selbst zum Geschenk. Wenn wir spüren, dass das Leben fließt, ist das ein gutes Gefühl. Es macht uns glücklich. *(4)*

WENN WIR uns nur aus Berechnung hingeben, damit wir genauso viel wiederbekommen, entsteht daraus weder Freude noch Gnade. Wir werden von solch einem Verhalten nicht beschenkt. *(4)*

NUR WENN ich in der Hingabe an den anderen um sein Geheimnis weiß, wird wirklich Hingabe gelingen. Um das Geheimnis des anderen zu wissen, ist letztlich Ausdruck einer tiefen Spiritualität. *(4)*

Hoffen

DIE HOFFNUNG steckt voller Aktivität. Sie gestaltet diese Welt, weil sie glaubt, dass Gott für
diese Welt eine Zukunft bereitet hat. Sie vertraut darauf, dass es einen Sinn hat, sich für die
Menschen einzusetzen. Sie ist voller Zuversicht, dass Gott für die Menschen eine gute Zukunft bereithält. Aber zugleich weiß die Hoffnung, dass unsere innerweltlichen Hoffnungen
ins Leere gehen, wenn sie nicht vom Vertrauen
auf ein größeres Wirken getragen sind. *(15)*

DIE SEHNSUCHT verschließt sich nicht den er-
schreckenden Tatsachen des Lebens. Sie setzt
uns auf die Spur der Hoffnung, die uns der Realität ins Auge sehen lässt, ohne daran zu ver-
zweifeln. *(15)*

HOFFNUNG KANN warten. Sie hat Geduld. Es gibt immer Menschen um mich herum, denen es gerade nicht gut geht, die »durchhängen«. Die Hoffnung vertraut darauf, dass sie durch diese Krise hindurchkommen. In der Hoffnung gebe ich den andern nicht auf. Ich vertraue darauf, dass er seinen Weg findet. Und ich kann in Geduld warten, bis der andere wieder in Berührung kommt mit seiner eigenen Kraft. *(1)*

DIE CHRISTLICHE Hoffnung lässt mich das Leiden anders erleben. Ich hoffe darauf, dass Gott mein Leid beendet, nicht durch den Tod, sondern durch Heilung meiner Krankheit, durch Trost in meinem Schmerz, durch eine tiefe Erfahrung von Liebe, die das Leid verwandelt. Und solche Hoffnung lässt mich das Leid anders erleben. Ich gebe mich selbst nicht auf. Ich hoffe auf Gott, und ich hoffe auf mich und für mich, dass das Leid mich reifer werden lässt und mich in eine tiefe Erfahrung des Lebens und des Geheimnisses Gottes führt. *(1)*

Kontemplation

EIN HANDELN, mit dem wir uns nur selbst beweisen wollen, bringt auch für die andern keine Frucht. Damit unser Tun fruchtbar wird, braucht es den Rückzug ins Gebet, in die Kontemplation und die Stille. Aber das ist etwas ganz anderes als ein Sich-Wegducken vor den realen Erfordernissen des Lebens. *(1)*

KONTEMPLATION IST nicht eine Alternative zum Engagement für eine gesündere und friedlichere Welt. Sie ist schon ein Weg der Heilung (…) In der Meditation und der Kontemplation können wir eintauchen in einen Raum der Stille, in dem alles schon heil und ganz ist, in dem wir einen tiefen Frieden spüren, mitten in allem Unfrieden und aller Krankheit, die unsere Welt bestimmt. Und aus diesem Frieden heraus werden wir auch die Kraft schöpfen, die Welt zum Besseren zu gestalten. *(4)*

Krankheit

AUCH DIE Krankheit gehört zu unserem Leben. Und nur wenn wir sie annehmen, reifen wir – vielleicht sogar zum weisen Menschen. *(3)*

ICH BIN auch in meiner Krankheit wertvoll, wenn ich mich mit dieser Krankheit aussöhne. Dann geht von mir etwas Wertvolles aus. Dann gebe ich mit meinem durch die Krankheit eingeschränkten Leben Zeugnis für einen anderen Wert, für den unendlichen Wert der Liebe. Ich kann in meiner Krankheit durchlässig werden für Gott. Ich kann sie aus Liebe zu den Menschen bewusst annehmen. *(1)*

ES GIBT Kranke, die als »Pflegefälle« scheinbar nichts geben können, sondern nur auf Hilfe anderer angewiesen sind. Dennoch haben sie einen unantastbaren Wert. Ihre Geschichte, die wir vielleicht nicht verstehen, ist wertvoll. Sie haben als Mensch ihren Wert und ihre Würde, auch wenn sie dement sind und nicht mehr kommunizieren können. Wenn wir mit ihnen gut umgehen und sie in ihrer Würde achten, würdigen wir auch uns selbst und drücken unseren Glauben daran aus, dass wir unsere Würde als Mensch durch keine Krankheit und auch nicht durch unsere Schuld verlieren können. Gerade ein Kranker in seiner Schwäche und Hinfälligkeit kann uns zum Wegweiser ins Leben werden. *(1)*

KRANKHEIT ZERBRICHT meine Vorstellung, dass ich immer stark und erfolgreich und gesund und leistungsfähig bin. Und auch meine Vorstellung von Gott wird zerbrochen: von dem Gott, der mich vor allem Unheil bewahrt und mich auch vor Krankheit und Tod schützt. Wenn ich mir diese Vorstellungen zerbrechen lasse, dann kann etwas Neues mit mir geschehen. Ich werde aufgebrochen für mein wahres Selbst. Dann entdecke ich, wer ich eigentlich bin. *(3)*

Krise

Das Leben mit seinen Brüchen zerbricht die Panzer, die wir um uns herum aufgebaut haben, um uns vor unserer eigenen Seele zu schützen. Wenn wir scheitern in unserem Beruf, wenn uns die Gesundheit vor Probleme stellt, wenn eine Beziehung auseinandergeht, wenn der Ehepartner vor uns stirbt, dann werden die äußeren Absicherungssysteme brüchig. Wir spüren unsere Seele. Wir erkennen, dass wir bei aller äußeren Brüchigkeit nicht bestehen können, wenn wir unser Lebenshaus auf das Äußere bauen. Wir brauchen die Seele, die unserem Leben wahren Halt gibt und in der wir die eigene Einmaligkeit erkennen, in der wir das eigene Selbst entdecken. Wenn wir auf dem Grund unserer Seele unser wahres Selbst finden und mit ihm eins werden, dann finden wir in allen äußeren Turbulenzen doch einen inneren Halt. *(16)*

DAS LEBEN ist nicht immer nur Erfolg und äußeres Glück. Wir verlieren liebe Menschen. Und wir verpassen manche Chancen. Wer die Verlusterfahrungen seines Lebens nicht betrauert, der erstarrt innerlich. *(1)*

DIE KRISE zerbricht die Masken nach außen, aber auch die Absicherungstendenzen nach innen. Auf diese Weise kommen wir in Berührung mit dem inneren Raum in uns, in dem Gott in uns wohnt. In diesem Raum sprudelt die Quelle des Heiligen Geistes. Die Krisen brechen den Zugang zu dieser Quelle auf, aus der wir immer schöpfen können. Diese Quelle ist unerschöpflich, weil sie göttlich ist. Aus ihr strömt uns die Kraft zu, die wir brauchen, um durch die vielen Tode unseres Lebens zum wahren Leben zu finden. *(6)*

DAS ZERBRECHEN der Illusionen öffnet uns für ein tieferes Vertrauen, für das Vertrauen, in Gott selbst zu gründen. *(19)*

Leben

Darin besteht die Kunst des Lebens: sich dem inneren Wandlungsprozess des Lebens zu überlassen. Das Ziel der Verwandlung ist, dass wir mehr und mehr in die einmalige und einzigartige Gestalt hineinwachsen, die Gott uns zugedacht hat. Lebenskunst heißt, dass wir auf der einen Seite immer reifer und erwachsener werden, auf der anderen Seite aber das innere Kind in uns bewahren. *(16)*

Licht und Dunkel, Freude und Schmerz gehören zu meinem Leben. Erst wenn ich diese Gegensätzlichkeit annehme und mich damit aussöhne, komme ich zu einer Bewertung meines Lebens, die mich zwar noch nicht glücklich macht, die aber die Voraussetzung dafür schafft, glücklich zu werden. *(10)*

WENN ICH mit allen Sinnen lebe, dann werde ich in meiner Lebendigkeit auch Glück erfahren. Das Glück lässt sich nicht festhalten, genauso wenig wie das Leben. Das Leben fließt immer weiter. Manchmal fließt es durch finstere Täler, manchmal wird es zum Wasserfall. Auch im Schmerz ist Leben. Und so kann in jedem auch eine Ahnung von Glück sein, im Schmerz, der mich für den Bruder oder die Schwester öffnet, in der Freude, die ich mit anderen teile, in der Anstrengung, die ich auf mich nehme, um einen Gipfel zu besteigen, in der Entspannung, wenn ich im Meer schwimme. Überall, wo wirklich Leben ist, ist auch eine Spur von Glück. *(10)*

DAS LEBEN an sich, mit seinen Höhen und Tiefen, mit seinen Licht- und Schattenseiten, mit seinem Auf und Ab, mit Schmerz und Freude ist eine Herrlichkeit. Es ist immer spannend, das Leben anzuschauen und staunend zurückzutreten, um seinem Geheimnis nachzuspüren. *(12)*

LEBEN IST immer auch Risiko. Ein Risiko gehe ich in jeder Begegnung ein. Ich wage mich aus mir heraus. Oder wenn ich mich für etwas entscheide, weiß ich nie im Vorhinein, wie es ausgeht. Doch wer sich nie entscheidet, wer sich immer vorher absichern möchte, der wird das Leben verpassen. Wer das Leben verpasst oder verweigert, dessen Seele verkümmert und erstarrt. *(6)*

Es IST nie zu spät, mit dem Leben anzufangen. Ich muss nicht alles Mögliche nachholen. Nachholen kann ich das ungelebte Leben nicht. Aber wenn ich jetzt wirklich lebe, dann löst sich das Ungelebte auf. Es wird in Leben verwandelt. *(16)*

Leiden

JEDES LEID zeigt mir, dass es nicht selbstverständlich ist, dass das Leben gelingt, dass ich gesund bin und geschützt, dass Frieden ist und kein Krieg, dass ich in Ruhe gelassen werde und nicht irgendwelchen Terroristen oder Amokläufern in die Hände falle. So wird das Leid, das ich sehe, zur Meditation über das Geheimnis meines Lebens und letztlich immer auch zu einer Frage nach Gott. Wie kann ich angesichts dieses Leids an Gott glauben? Und wie muss sich mein Gottesbild wandeln, damit ich vor meiner Vernunft und mit meinem Herzen wirklich an ihn glauben kann? *(1)*

Es LIEGT an mir, welche Deutung ich dem Leid gebe. Ein beliebtes Deutungsmuster ist das der Strafe. Doch wenn ich Leid als Strafe deute, kann ich nicht gut damit umgehen. Dann fühle ich mich bestraft. Ich suche sofort die Schuld bei mir. Das zieht mich noch mehr nach unten und verstärkt mein Leiden. Von diesem Muster muss ich mich also verabschieden. Ein anderes Deutungsmuster ist, das Leiden als Herausforderung zu sehen. Ich kann zwar nicht sagen, Gott schickt mir das Leiden, um mich zu prüfen. Aber ich selbst kann das Leid als persönliche Herausforderung annehmen, mich nicht zerbrechen zu lassen, ihm zu widerstehen, zu kämpfen und trotzdem meinen Weg weiterzugehen. Nur wer sein Leid versteht und es angemessen deutet, kann es aushalten. Wenn ich nur die Sinnlosigkeit des Leids sehe, werde ich innerlich zerbrechen. Dann zerbrechen nicht meine Rollen und Masken, sondern ich selbst zerbreche. Der Glaube ist eine wichtige Hilfe, das Leiden auszuhalten, ohne daran zu zerbrechen. Wenn ich mich auch in meinem Leid von Gott gehalten und getragen weiß und mitten im Leid den inneren Raum erfahre, in dem Gott in mir wohnt, dann hat dort hat das Leiden keinen Zutritt. Es kann mich nicht zerbrechen. *(1)*

Liebe

GLÜCKLICH WERDE ich sein, wenn ich etwas erfahre, was mich tief berührt. Wenn ich liebe. *(10)*

DER WOHLWOLLENDE Blick des anderen verwandelt uns. Wenn uns die Liebe begegnet, gehen wir erneuert daraus hervor. Ein anderer Mensch kann etwas aus uns herauslieben, was vorher verborgen in uns geschlummert hat. Liebe weckt in uns eine Kraft, die uns unser eigenes Geheimnis entdecken lässt. *(15)*

MEIN ZIEL hier in diesem Leben ist: der zu werden, der ich von Gott her bin, Frucht zu bringen, wie Jesus es denen verheißen hat, die in ihm bleiben und in denen er bleibt. Und ich weiß, dass ich nur dann wirklich fruchtbar werde, wenn ich mein Ego loslasse und ganz und gar durchlässig werde für die Liebe. *(1)*

MANCHMAL DÜRFEN wir die Erfahrung machen, dass wir nicht nur einen Menschen lieben, sondern in der Liebe sind. Wenn wir nicht nur lieben, sondern Liebe sind, erfahren wir die Liebe wie eine kraftvolle Quelle. Sie strömt in uns, ohne zu versiegen. *(11)*

DANKBARKEIT GIBT der Liebe ihre Dauer. Liebende wollen einander beschenken. Das größte Geschenk, das sie sich geben können, ist ihre gegenseitige Liebe. Doch die kann man nur genießen, wenn man sie dankbar empfängt. *(22)*

ICH KANN in meiner Seele der Liebe einen Ort der Ewigkeit schaffen. Das heißt: Ich fixiere mich nicht auf den Mangel an Liebe, an dem ich leide. Ich schaue nicht nach anderen aus, um zu fragen, ob sie mich lieben oder nicht. In mir ist eine Quelle göttlicher Liebe, die nie versiegt, nie aufhört, die ewig ist. *(11)*

LETZTLICH STECKT auch in der Sehnsucht nach Liebe immer schon die Ahnung einer unendlichen Liebe, die mehr ist als Lieben und Geliebtwerden. Es ist die Sehnsucht danach, Liebe zu sein. Wer Liebe ist, der hat teil an der Wirklichkeit des Absoluten. *(15)*

AUF DER einen Seite überwindet die Liebe alle Furcht. Auf der anderen Seite vertieft die Furcht die Liebe. Sie gibt der Liebe ihre wahre Kraft. Wir können die Spannung zwischen Furcht und Liebe nie ganz auflösen. Die Spannung gibt der Liebe ihre wahre Kraft. Aber es ist dann eine Liebe, die nicht von Angst bestimmt ist, sondern eine Liebe, die die Furcht als inneres Moment in sich trägt und sie gerade so überwindet. *(7)*

LIEBE IST nicht ewiges Verliebtsein. Das Verliebtsein muss sich wandeln zu einer Liebe, die den anderen so annimmt, wie er ist. Oft stülpen wir dem anderen unsere eigenen Bilder und Wünsche über und lieben dann mehr das Bild, das wir uns vom anderen gemacht haben, als ihn, wie er in Wirklichkeit ist. Den anderen so lieben, wie er ist, das ist nicht leicht. Es verlangt, Abschied zu nehmen von allen Illusionen, die ich mir über ihn gemacht habe. Und es verlangt auch den Abschied von der Illusion, dass Liebe immer ein wunderbares Gefühl ist. Oft ist sie einfach Treue zum andern. Das ist mehr als ihn nur zu ertragen. Sie bedeutet: Ja sagen zu ihm in seiner Durchschnittlichkeit und Banalität. *(1)*

DIE LIEBE zu Gott und zu den Menschen ist kein Gegensatz. Ich muss mich nicht entscheiden, ob ich Gott liebe oder die Menschen. Vielmehr liebe ich nur dann Gott, wenn ich auch die Menschen liebe. Und umgekehrt gilt: Wenn ich einen Menschen wirklich liebe, dann erfahre ich darin als Tiefe dieser Liebe auch die Liebe zu Gott, der meine tiefste Sehnsucht nach Liebe allein und für immer zu erfüllen vermag. *(1)*

Loslassen

WER NICHT wirklich gelebt hat, der kann auch sich und sein Leben nicht loslassen. Er hat nichts, was er loslassen kann. Das Loslassen macht ihm Angst. Denn dann hat er nichts in der Hand. Er hat nichts anderes als das Äußere. Den inneren Reichtum hat er vernachlässigt. Wenn der äußere Reichtum ihm genommen wird, steht er arm da. Davor haben viele Menschen Angst. *(16)*

AM FESTHALTEN an sich selbst liegt die Wurzel alles An-sich-Bindens. Dieses An-sich-Festhalten führt zur Verkrampfung, zum Druck, sich beweisen zu müssen. Wer frei ist von diesem Druck, der ist gelassen: Er kann lässig zu sich stehen, ohne Krampf, ohne Druck, ohne Anstrengung. Das Lassen ist die Bedingung, dem anderen wirklich in Freiheit zu begegnen und ihn dabei selber freizulassen. Ich lasse ihn, wie er ist. *(4)*

Wɪʀ ᴋöɴɴᴇɴ nur gut sterben, wenn wir uns während des Lebens einüben in das, was den Tod ausmacht, in das Loslassen. Wir müssen ständig etwas loslassen. Wir müssen unsere Kindheit loslassen, um erwachsen zu werden. Wir müssen unsere Kraft loslassen, wenn wir älter werden, um den inneren Reichtum unserer Seele zu entdecken. Wir müssen unser Ego loslassen, damit Größeres in uns wachsen kann. Und wir müssen im Tod unser Leben und alles, woran wir uns festklammern, loslassen, um mit Gott eins zu werden. *(1)*

Maß

DIE FRÜHEN Mönche sagen: »Alles Übermaß ist von den Dämonen.« Das Böse kann sich also auch in das Gewand des Guten kleiden und das Gute maßlos verkünden oder leben. Wenn einer nur fromm ist, kann die Frömmigkeit leicht aggressiv und rechthaberisch und verletzend werden. Viele Fromme merken gar nicht, dass sie im Namen Gottes über andere herrschen, sie verurteilen, ja sie sogar morden. Das Böse, das in der Gestalt des Guten und Frommen daher kommt, ist am schwersten zu bekämpfen. Und die Menschen, die sich dem Bösen unter dem Deckmantel des Guten verschrieben haben, sind gleichsam therapieresistent. Sie sind kaum zu überzeugen. Das Böse unter dem Gewand des Guten hat sie verblendet. Es ist eine teuflische Maske. *(1)*

Das Ziel des rechten Maßes ist die Ruhe der Seele, die innere Ausgeglichenheit, der Einklang mit mir selbst. Doch das erreiche ich nur, wenn ich alles in mir richtig ordne. *(11)*

Das rechte Maß meint nicht Mittelmäßigkeit. *(4)*

Das rechte Maß zu finden heißt, die Spannung zu entdecken, die in mir Energie erzeugt. Weder Überspannung noch Unterspannung tut mir gut, sondern allein das Maß, das Gott mir zugemessen hat. Um es zu entdecken, muss ich freilich bis an die Grenzen des Maßes gehen. Sonst werde ich es immer zu klein bemessen. *(11)*

Auch das Genießen braucht das rechte Maß. Am Ende überzogener Wünsche und unersättlicher Gier steht immer die Enttäuschung. *(12)*

Mut

Wer das Unbekannte scheut, der wird nie in seine eigene Kraft hineinwachsen. Er wird immer nur die Kraft erproben, die er bisher gespürt hat. Sein Leben wird unfruchtbar bleiben. Wer nur Dienst nach Vorschrift ausübt, der wird dabei auch nicht glücklich. Er hat zwar ein bequemes Leben. Aber es wird langweilig. Und es fehlt die Spannung. Zum Menschen gehört es, dass er ausbricht aus der Enge und den Mut hat, seine eigenen Kräfte zu messen. Dabei wird er immer auch verlieren. Wer kämpft, der wird auch verwundet werden. *(8)*

Wir brauchen die Herausforderung, etwas zu leisten, um gesund zu leben. Wer dieser Herausforderung aus dem Weg geht und sich lieber in seinem Nest des Wohlbehagens einrichtet, der wird sich nicht weiterentwickeln. *(8)*

Rituale

RITUALE ORDNEN die Wirklichkeit, sie aktivieren Kraft, stiften Sinn und geben mir das Gefühl, dass ich selber lebe, anstatt gelebt zu werden. Man sollte sich Zeit nehmen dafür. Ich selber habe Lust, den Tag auf diese Weise zu beginnen, mir Zeit zum Gebet und zur Meditation zu nehmen. Ich tue das nicht aus Pflichtgefühl, sondern weil ich es mir wert bin, meinem Tag eine besondere Note zu geben. Und durch das Ritual bekomme ich Lust und damit auch die Kraft, diesen Tag zu leben. Ich werde heute meine Lebensspur in diesen Tag eingraben. Ich muss nicht einfach nur Erwartungen erfüllen und die Belastungen tragen. Ich gestalte diesen Tag (...) Das gibt mir Lust am Leben selbst, ich bekomme Freude am Leben. Die Alten sagen: Weil mein Leben ein dauerndes Fest ist, gebe ich ihm in den Ritualen eine angemessene Form. Auch das meint: Ich habe Lust, mein Leben zu gestalten. *(1)*

HEILIG IST das, was der Welt entzogen ist. Die heilige Zeit gehört Ihnen und Gott. Darüber kann und darf niemand verfügen. Sie können diese heilige Zeit genießen und darin mit sich selbst in Berührung kommen. Rituale schenken Ihnen eine heilige Zeit, die Ihnen gehört, über die niemand bestimmen kann. In dieser heiligen Zeit können Sie aufatmen. Da spüren Sie sich selbst. Da fällt aller Druck von außen weg. *(3)*

Scheitern

DAS SCHEITERN, das zunächst einmal Scherben hinterlässt, könnte der Ort sein, an dem Gott die Scherben meines Lebens neu zusammensetzt und die Gestalt formt, die meinem wahren Wesen mehr entspricht. Manchmal ist das Scheitern ein Zeichen dafür, dass wir uns ein Bild von uns gemacht haben und dieses Bild in unserem Leben verwirklichen wollten, das unserem innersten Bild, das Gott sich von uns gemacht hat, nicht entsprach. Scheitern ist also auch die Chance, in dieses einmalige und einzigartige Bild Gottes in uns hineinzuwachsen. Für Christen ist das Kreuz ein Hoffnungszeichen, dass es kein Scheitern gibt, das nicht verwandelt werden kann, das nicht zum Aufstehen in neue Möglichkeiten hinein werden kann, zur Auferstehung in die Weite Gottes hinein. *(1)*

Wenn ich es so verstehe, dass etwas in mir zerbrochen ist, damit der eigentliche Kern klarer zum Vorschein kommt, dann kann ich mich mit dem Scheitern aussöhnen. Dann raubt es mir nicht meine Würde und drückt mich auch nicht nieder. Dann kann ich es sogar als Chance sehen, zu reifen und zu wachsen und immer mehr der zu werden, der ich von Gott her eigentlich bin. *(1)*

Gerade dort, wo ich nichts in der Hand habe, erahne ich, was es heißt, aus Gottes Gnade zu leben. Ich muss in meinem Leben gar nicht perfekt sein. Ich tue das, was in meiner Kraft liegt. Aber ich bin auch mit meiner Schwäche in Gottes Hand. Gott wird mich nicht fallen lassen. Er wird mir seine Hand nicht entziehen, selbst wenn vieles anders läuft, als ich mir vorgestellt habe. So kann die Angst vor dem Scheitern auch zum Engel werden, der mich näher zu Gott führt. *(7)*

Schicksal

Etwas geht schief in unserem Leben. Und schon fühlen wir uns nicht mehr so glücklich. Trotzdem: Wer Glück erfahren hat, wird dadurch auch gestärkt. Und jemand, der normalerweise mit sich im Reinen ist, wird Kritik von außen oder ein Missgeschick oder einen Schicksalsschlag anders verkraften als einer, der mit sich unzufrieden ist. Aber auch er wird nicht im Zustand seliger Harmonie bleiben, wenn ihm zum Beispiel ein lieber Mensch im Tod entrissen wird. Von einem solchen Schicksalsschlag wird auch er erst einmal aufgewühlt. Er wird sich todunglücklich fühlen. Aber wenn er sich diesen Gefühlen nicht versperrt und sich der Trauer stellt, wird er trotz allem, auch wenn er das Auf und Ab des Daseins erlebt, doch eine Grundmelodie des Glücks in sich verspüren. Manchmal wird sie übertönt von anderen Melodien. Es werden sich Dissonanzen einstellen, die die Harmonien überlagern. Aber in der

Stille können wir wieder in Berührung kommen mit dieser Grundmelodie des Glücks in unserem Herzen. Und wir können in der Hoffnung leben, dass diese Grundmelodie des Glücks mehr und mehr alle Bereiche unseres Leibes und unserer Seele durchdringt. *(1)*

WIR KÖNNEN uns in unser Unglück hineinsteigern und am Sinn unseres Lebens zweifeln, oder wir können es als Herausforderung nehmen, an der wir wachsen können. Das Glück liegt in unserem Herzen. Wir haben die Wahl. *(12)*

Schönheit

JEDER MENSCH ist schön, wenn er ganz er selbst ist. Die Liebe macht den Menschen schön. Wenn Sie also mit der Liebe in Berührung kommen, die schon in Ihnen ist, und wenn diese Liebe durch Sie in diese Welt strahlt, dann sind Sie schön, ganz gleich was die momentane Mode für äußere Schönheitsideale hat. *(3)*

MEIN GESICHT ist immer dann schön, wenn ich ganz darin bin, wenn ich ausgesöhnt bin mit mir selbst. Das ist meine Aufgabe, Ja zu sagen zu mir selbst, dankbar zu sein für das Leben. Diese innere Haltung wird dann die Schönheit bewirken. Dann wird aus meinem Gesicht etwas ausstrahlen, das den Menschen gut tut. *(16)*

ICH KANN in der Schönheit der Welt die Schönheit schlechthin schauen. Die Schönheit schlechthin ist Gott. Ich kann in einem menschlichen Wort Gottes Wort hören und in der Musik das Unhörbare erahnen. Ich kann im Wein Gottes süßen Geschmack schmecken, im Duft des Weihrauchs etwas von seinem Geheimnis riechen und in der Blume Gottes Zärtlichkeit ertasten. Aber ich kann Gott nicht direkt greifen. Die Sinne weisen über sich hinaus auf das Unerfahrbare und Unsichtbare und Unhörbare. Wenn ich den Sternenhimmel anschaue, dann geht mir etwas von Gottes Größe und Schönheit auf. *(1)*

Schuld

WIR ALLE würden gerne unser Leben lang mit einer weißen Weste herumlaufen. Doch im Lauf der Zeit bekommt diese weiße Weste dunkle Flecken. Damit müssen wir uns aussöhnen. So, wie wir gerne leben möchten, mit einer unbefleckten Weste, immer tadellos, ohne jede Schuld, geht es nicht. Letztlich geht es darum, uns mit unserem menschlichen Sein auszusöhnen, das immer auch brüchiges Sein ist. *(3)*

FREIHEIT UND Unfreiheit, Schuld und Unschuld sind immer miteinander vermischt. Daher steht es uns nie zu, über andere zu urteilen. Denn wir wissen nicht, aus welchen Voraussetzungen sie so handeln und so sind, wie sie sind. Über andere sollen wir nicht urteilen. Wenn wir auf die eigene Schuld schauen, sollen wir uns weder beschuldigen noch entschuldigen. Wenn wir uns beschuldigen, zerfleischen wir uns selbst. Wenn wir uns entschuldigen, müssen wir nach immer neuen Gründen suchen, warum wir unschuldig sind. Und so kommen wir nie zur Ruhe. Wir sollen unser Leben mit unserer Schuld und Unschuld Gott hinhalten und seiner Liebe aussetzen, damit wir im Blick auf seine vergebende Liebe innere Ruhe finden. Wir haben in uns einen unbarmherzigen Richter, der uns ständig schuldig spricht. Daher brauchen wir die Erfahrung der Vergebung Gottes, damit wir uns selbst vergeben können. *(1)*

Schweigen

LÄRM IST wie Schmutz und Staub. Schweigen ist wie ein Bad der Seele. Wir brauchen nicht nur Hygiene für den Leib, sondern auch für die Seele. Und es gibt kein besseres Heilmittel und kein intensiveres Reinigungsbad als das Schweigen. *(17)*

WER IMMER redet, dem entströmt seine innere Energie. Schweigen ist wie ein Schließen der Tür, damit die Glut in meinem Innern nicht ausbrennt und die Quelle der Kraft in mir nicht versiegt. *(17)*

NUR WENN du schweigst, kannst du ganz im Augenblick sein. Sobald du zu denken anfängst, denkst du über etwas nach und verlässt den gegenwärtigen Augenblick. Genieße das Schweigen, das dir dein Engel gewährt, und horche nach dem Gott, der dein Schweigen mit seiner Liebe füllen möchte. *(2)*

Seele

DIE SEELE erinnert mich daran, dass ich etwas Einmaliges und Einzigartiges bin. Ich bin ein Gedanke Gottes, der sich in mir ausdrückt. Und Seele bezeichnet das Geheimnisvolle in mir, das dem Zugriff der Welt, auch dem Zugriff des Bewertens, entzogen ist. Seele meint mein unverwechselbar Innerstes. Und in diesem Innersten bin ich auf Gott bezogen. Da übersteige ich diese Welt. Die Seele ist im Leib und prägt ihn. Umgekehrt hat auch der Leib auf die Seele Einfluss. Das merken wir, wenn wir krank sind. *(1)*

WENN WIR von Seele sprechen, meinen wir den Bereich, über den die Menschen nicht verfügen können und in dem ich offen bin für Gott, in dem ich in seine Wirklichkeit selbst hineinreiche. Für mich bezeichnet daher die Seele den göttlichen Glanz meines Inneren, den Reichtum an Ahnungen und Bildern, die ich in mir vorfinde und die mich alle auf Gott verweisen. In der Seele hat er seine Spur in mich eingegraben, um mich immer wieder an sich zu erinnern. *(1)*

DIE SEELE braucht Nahrung. Das ist einmal die Liebe, die der Seele gut tut, aber auch geistige Beschäftigung. Manche werden krank, weil sie der Seele keinen Raum geben. Die Seele braucht Flügel, Leichtigkeit und Weite. Wer ihre Flügel stutzt und ihren Raum einengt, der nimmt der Seele ihre Kraft. *(1)*

Segen

WER GESEGNET ist, fühlt sich von Gott behütet und beschützt. So sollen wir darauf achten, dass wir ein Geschenk sind für die Menschen, dass von uns Segen ausgeht, etwas, das die Menschen befruchtet, das ihnen das Gefühl von Behütetsein vermittelt. Wir werden zum Segen für andere, wenn von uns Frieden ausgeht, Hoffnung und Zuversicht. *(16)*

SEGNEN HEISST: Gutes über den andern denken und sprechen, dem andern Gutes wünschen. Wenn ich dem anderen Gutes wünsche, dann überwinde ich die Macht des Negativen (…) Im Segnen, im Gutes-Wünschen muss ich mich und meine Gefühle nicht vergewaltigen. Ich spüre, dass im Segnen das Gute auch in mir stärker wird und mir gut tut. Dann wird Feindesliebe nicht zu einer Überforderung, sondern sie bewirkt mir und dem andern Gutes. *(1)*

Bei allen Begrenzungen, die ich im andern sehe, muss ich auch an das Gute in ihm glauben. Nur wenn ich an das Gute in ihm glaube, wird er den guten Kern in sich entfalten. Dazu kann ich aktiv beitragen. Mein Glaube an das Gute in anderen wächst, wenn ich etwa für ihn bete oder wenn ich ihn segne. Im Segen wünsche ich einem Menschen das, was er braucht, um mit sich in Frieden zu kommen. *(1)*

Sehnsucht

WENN WIR aufhören, uns zu sehnen, bleiben wir innerlich stehen. Die Sehnsucht weitet das Herz und lässt uns das, was wir täglich erfahren, auf viel intensivere Weise erleben. Der Tod der Sehnsucht wäre also auch das Ende des Glücks. Und im Tod stirbt die Sehnsucht nicht, sondern sie kommt an ihr Ziel. Die Sehnsucht ist kein Gegensatz zur Zufriedenheit. Gerade weil ich mich nach etwas sehne, das diese Welt übersteigt, kann ich mit der Durchschnittlichkeit meines Lebens zufrieden sein. Ich muss hier nicht alles haben, weil meine Sehnsucht mich über all das Vordergründige hinaushebt in den Bereich Gottes, in dem allein meine Sehnsucht wirklich gestillt wird. *(1)*

DER BAUM, der tiefe Wurzeln gräbt, steht an einem festen Ort. So brauchen wir immer wieder Orte, an denen wir innehalten, verweilen, damit wir in die eigene Tiefe hinabsteigen können, in uns hineinhorchen können auf das, was in der Tiefe unseres Herzens an Ahnungen, Sehnsüchten und zugleich Antworten auf die wichtigsten Fragen des Lebens aufsteigt. In uns ist schon die Antwort auf die Frage, wie das Leben gelingt. Doch wenn wir immer nur im Äußerlichen suchen, auf das achten, was die andern sagen und was gerade Mode ist, dann verlieren wir den Kontakt zur Weisheit unseres eigenen Herzens. *(13)*

Die Sehnsucht, die in der Enttäuschung in mir aufbricht, richtet sich letztlich nach Gott. Die Sehnsucht gehört mir. Die kann mir niemand nehmen. Die Sehnsucht macht mein Herz weit. Die Sehnsucht ist etwas Heiliges in mir. *(4)*

Sehnsucht ist keine Flucht vor dem Leben. Sehnsucht ist intensiveres Leben. Sie ist nichts, was dich vertröstet. Sie führt dich mitten ins wahre Leben. Hier und jetzt. *(4)*

Selbst

DAS SELBST ist der innerste Kern, der Bewusstes und Unbewusstes mit einschließt, der auch der göttlichen Wirklichkeit in sich Raum gibt. Dieses Selbst darf ich – im Gegensatz zum Ich – nicht loslassen. Meine Aufgabe besteht vielmehr darin, immer mehr zu diesem Selbst zu gelangen, meinen innersten Personkern zu entdecken und ihm entsprechend zu leben. *(1)*

EINE GUTE Übung, um das eigene Selbst zu entdecken, ist folgende: Ich sage einen ganzen Tag lang bei allem, was ich tue: »Ich bin ich selber.« Dann merke ich erst, wie ich oft nicht ich selbst bin, sondern die Rolle spiele, die andere von mir erwarten oder von der ich meine, dass die andern sie möchten. *(1)*

WENN ICH einen ganzen Tag lang dieses Wort meditiert habe – »Ich bin ich selber« – komme ich womöglich etwas näher an mein wahres Selbst heran. Aber dieses Selbst kann ich nicht mehr beschreiben und mit bestimmten Willensabsichten identifizieren. Vielleicht aber verspüre ich in mir eine Ahnung. Eine Ahnung von innerer Stimmigkeit – und von Übereinstimmung mit meinem Wesen: »Ich bin ich selber.« *(1)*

Sexualität

SEXUALITÄT KANN den Menschen verzaubern, sie kann aber auch verletzen. Menschen leiden heute daran, nicht weil die Kirche sie ihnen verbietet, sondern weil sie gerade auch in der Sexualität tiefe Verletzungen erfahren. Daher will die gesunde Spiritualität das Leben so schildern, wie es ist. Sie will nicht das Leiden in den Mittelpunkt stellen. Aber sie klammert es auch nicht aus. Denn nur wenn wir unsre Sehnsucht nach Lust und Glück auf dem Hintergrund unserer oft auch brüchigen Existenz sehen, finden wir den Weg zum wahren Glück, ohne die Augen zu verschließen vor dem, was wahres Glück immer schon bedroht. *(1)*

WENN WIR um die Offenheit der Sexualität für die Transzendenz wissen, dann können wir sie so leben, dass sie uns selbst und den Partner nicht überfordert.

Sinn

DIE WISSENSCHAFT kann uns die Welt erklären. Aber sie kann uns keinen Sinn vermitteln. Und ohne Sinn können wir nicht leben. Wir müssen uns auf etwas verlassen können, was unserem Leben wirklich Sinn gibt. *(1)*

DER SINN, den ich meinem Leben im Ganzen und den ich der konkreten Situation gebe, ist etwas, woraus ich Kraft schöpfe und was mein Leben befruchtet und erfrischt. Wenn ich keinen Sinn wahrnehme, verliere ich den Kontakt zu dieser Quelle. Ich irre ziellos herum, ohne die Leben spendenden Möglichkeiten zu entdecken, die unmittelbar vor meinen Füßen sprudeln. *(11)*

DAS ZIEL, das wir in unserem Leben anstreben sollen, besteht nicht in einer Leistung, sondern in einem Sein, in einer Sendung. *(10)*

FRAGE DICH immer, was deine ganz persönliche Sendung sein könnte. Versuche, den Sinn in deinem Leben zu beschreiben. Er ist der entscheidende Grund für das Strömen der inneren Quelle. *(11)*

ENTSCHEIDE DICH für das Ziel deines Lebens. Ein solches Ziel, das du in den Blick nimmst, sammelt deine Kräfte und verleiht dir Klarheit und neue Zielstrebigkeit. *(9)*

VON MEINER Deutung hängt ab, wie ich mich fühle und wie ich mich und mein Leben erlebe. Ganz gleich, wie es um mich herum aussieht, ich bin dankbar, dass ich auf der Welt bin. Und ich spüre meinen Wert: Ich bin einmalig, weil Gott sich dieses Bild, das in mir ist, nur von mir gemacht hat. Und so darf ich sagen: Ich bin nicht zufällig auf der Welt. Mit den Bildern der Bibel kann ich sagen: Ich bin von Gott geschaffen und geformt. Er hat mich bei meinem Namen genannt. *(1)*

Solidarität

UNSER WOHL kann nicht ohne das Wohl des anderen bestehen. Gemeinschaft, Zugehörigkeit zur menschlichen Gesellschaft kann nur erleben, wer selbst solidarisch ist. *(2)*

SEI GUT zu dir selber und öffne dein Herz für andere. Ein Herz für sich selber haben und dein Herz für andere zu öffnen, das ist nicht immer einfach. Aber es sind doch zwei Seiten einer Wirklichkeit. Wenn die Balance zwischen beidem glückt, dann kann dein Leben gelingen. *(4)*

WENN ICH mein Herz öffne, weil der andere mich interessiert, weil ich seine Not spüre, weil ich mit ihm fühle, weil ich ihm helfen möchte, dann werde ich reich beschenkt. Durch mich ist jemand mehr zum Leben gekommen. Das weckt in mir ein Gefühl der Dankbarkeit und der Freude. *(4)*

WER DAS eigene Arme sich selbst bewusst macht, der wird auch anders mit den Armen vor seiner Haustüre umgehen. Die Verdrängung der sozialen Armut rührt daher, dass viele Menschen ihre eigene Armut verdrängt haben. Sie verschließen ihre Augen vor den verletzten und verzweifelten Menschen in ihrer Nähe, weil sie in ihnen ihren eigenen Verletzungen und ihrer eigenen Verzweiflung ins Auge sehen müssten. Sie weigern sich, die Armut in ihrer Umgebung wahrzunehmen, weil sie sie an die eigene Armut erinnert. Ohne den Blick auf die Integration der inneren Armut würden wir leicht zu Moralisten, die jedem, der etwas besitzt, ein schlechtes Gewissen einreden, und ihn auffordern, sein Geld den Armen zu geben. Wenn unsere Hilfe für die Armen nur äußerlich bleibt, dann werden wir den Armen als Objekt benutzen, an dem wir unser schlechtes Gewissen beruhigen (…) Wenn wir den Armen auch in unser Herz aufnehmen, wird unsere äußere Hilfe ihn aufrichten. *(20)*

Spirituelle Weg

SPIRITUALITÄT MEINT eigentlich: Leben aus dem Geist. Und für uns als Christen ist es der Heilige Geist, der uns durchdringt und aus dessen Quelle wir leben möchten. Wenn ich mich der Wirklichkeit stelle und sie mit dem Geist Gottes durchdringe, dann ist es ein guter spiritueller Weg. *(3)*

UNTER DEM spirituellen Weg verstehen wir den Weg, auf dem wir nach innen gehen, um in unserem Herzen immer mehr vom Geist Gottes erfüllt und verwandelt zu werden. Der spirituelle Weg ist ein Weg des Immer-Durchlässigerwerdens für diesen Geist, für den Geist Jesu Christi. Er geht über den Weg der Achtsamkeit, der Stille, der Kontemplation, des Gebetes und der Askese. Entscheidend ist auf all diesen Wegen, dass ich nicht um mich und mein Fortkommen kreise, sondern auf Gott zugehe und offen werde für seine unbegreifliche Liebe.

Und wichtig ist, dass dieser Weg fruchtbar wird für die Welt, dass er mich zu den Menschen führt. *(1)*

In uns ist ein Raum, zu dem die Menschen mit ihren Erwartungen und Ansprüchen keinen Zutritt haben. Dort haben auch unsere eigenen Selbstverurteilungen keinen Zutritt. Es ist der Raum der Stille, in dem Gott in uns wohnt. Dort, wo Gott in uns herrscht (das meint das »Reich Gottes«, das uns Jesus verkündet hat), sind wir frei von der Herrschaft der Menschen. Dort sind wir authentisch. Dort sind wir ganz wir selbst. Dieses wahre und unverfälschte Selbst können wir nicht mehr beschreiben. Wir können es nur erahnen. *(3)*

Stille

WIR BRAUCHEN die Stille, um in Berührung zu kommen mit dem Glück, das auf dem Grund unseres Herzens in uns ruht. Wenn wir immer nur in Bewegung sind, werden wir es in uns nicht spüren. Es ist wie ein See. Nur wenn er ganz ruhig ist, spiegelt sich in ihm die Schönheit der Welt. Nur wenn wir stillstehen, spiegelt sich in uns die Herrlichkeit, die uns umgibt. Dann spüren wir die Freude, die in uns liegt. *(12)*

ERST WENN ich stillstehe, kann ich mich fragen: Worauf kann ich bauen? Sind es die Menschen und ihre Zuwendung? Die geben nur bedingt festen Stand. Letztlich werde ich bei allem, wonach ich Ausschau halte, auf einen letzten Grund stoßen, auf dem ich mein Lebenshaus bauen kann: auf Gott. Jesus spricht davon, dass wir unser Haus auf den Felsen seiner Worte bauen sollen und nicht auf den Sand unserer

Illusionen, etwa auf den Sand der Illusion, wir könnten von der Zustimmung und Zuwendung der Menschen leben. Wir müssen also aus der Zeit heraustreten, um in ihr einen festen Stand zu finden. *(1)*

DIE ERFAHRUNG von Stille ist nicht etwas, was in unserer Lebenswelt selbstverständlich wäre. Man muss selber etwas dazu tun, um sie zu finden und zu erfahren. Ihre Erfahrung ist an Bedingungen geknüpft. Die erste Bedingung ist: stehen zu bleiben. *(4)*

IN DEM Raum der Stille, zu dem kein menschlicher Gedanke vordringt, da wohnt Gott in uns. Und manchmal können wir ihn spüren. Dann sind wir ganz eins mit uns selbst. In diesem Augenblick vergessen wir uns selbst. Da reflektieren wir nicht über unsere Erfahrung, sondern wir sind einfach nur da. Und indem wir da sind, sind wir in Gott und Gott ist in uns. *(1)*

Tod

DER MENSCH stößt in seinem Leben notwendig an die Grenze des Todes. Es ist Zeichen menschlicher Weisheit, diese Grenze zu akzeptieren. Die Grenze des Todes lädt uns ein, Ja zu sagen zu unserer menschlichen Begrenzung und zugleich zu unserer Grenzenlosigkeit, die uns Gott geschenkt hat. Diese Grenze ist eine Einladung, hier und jetzt bewusst und intensiv zu leben, den Geschmack des Lebens zu erahnen. Ich muss nicht alles in diese begrenzte Zeit hineinpressen. Wenn ich diese Grenze annehme, dann bin ich dankbar für jeden Augenblick. Ich erlebe ihn in seiner Fülle. In dieser kurzen Zeit, in der ich ganz gegenwärtig bin, habe ich teil an allem. In dieser begrenzten Zeit erlebe ich die Grenzenlosigkeit der Ewigkeit. Ob das Leben eines Menschen gelingt, das hängt von seinem Umgang mit der letzten Grenze seines Lebens ab. *(8)*

Im Tod überschreiten wir endgültig die Schwelle zum ewigen Leben, zum göttlichen Leben. Da werden wir für immer im Haus des Lebens und im Haus der Liebe wohnen. *(8)*

Der Tod ist die Grenze meines Lebens. Ich werde im Überschreiten dieser Grenze nicht ins Nichts hineinsterben, sondern in die Fülle des Lebens, in Gott hinein. Mein Tod ist also nicht nur das Ende, sondern auch ein Neuanfang, eine Verwandlung dieses Lebens, die Erfüllung meiner tiefsten Sehnsucht. So intensiviert das Denken an den Tod mein Leben. Und die Integration des Todes in mein Leben nimmt mir die Angst vor dem Tod. Der Tod steht nicht wie etwas Bedrohliches vor mir. Er mindert oder zerstört nicht meinen Wert. Er ist vielmehr das Ziel, in dem ich für immer ganz und gar, klar und rein der sein werde, als der ich von Anfang an gedacht wurde. *(1)*

Trauer

DIE TRAURIGKEIT trocknet das Herz aus und raubt ihm seine Spannkraft. Die Traurigkeit lähmt und lässt uns erstarren, die Trauer dagegen befruchtet und macht lebendig. *(13)*

WER DIE Trauer nicht zulassen will und sie unterdrückt, der erstarrt innerlich in der Depression. *(13)*

IN DER Trauer begegnen wir uns schonungslos, ohne Distanz zu uns selbst. Wir haben nichts mehr in der Hand, was wir zwischen uns und unsere innerste Wahrheit halten könnten. Alle Selbstrechtfertigungsversuche werden uns zerschlagen und alle Masken fallen. Für die frühen Mönche ist die Trauer die Bedingung dafür, dass ein neuer Mensch in uns entstehen kann, der Mensch, der ganz und gar nach Gottes Bild geschaffen ist. *(13)*

Träume

Träume sind nicht Schäume. Sie zeigen uns Wesentliches in unserer Seele auf. Aber ver-wirklichen können wir die Träume nur, wenn wir bereit sind, aufzuwachen und uns der Wirklichkeit zu stellen, wie sie ist. *(6)*

Träume kann man nicht erzwingen. Sie sind ein Geschenk von Gott. Im Traum weitet sich die Welt für mich. Da tauche ich ein in den göttlichen Wurzelgrund. Da sehe ich hinter die Welt. Da geht mir das Geheimnis der Welt auf. *(15)*

Die Träume zeigen mir, dass es nicht nur darauf ankommt, korrekt zu leben, sondern den Reichtum und die Weite meiner Seele zuzulassen, mich von Gott immer wieder auf meinen eigenen Weg führen zu lassen. *(6)*

Treue

TREUE ZUM andern heißt: Du kannst dich auf mich verlassen. Ich stehe zu dir, so wie du bist. Mein Ja zu dir ist nicht an allerlei Vorbehalte gebunden. Das heißt aber nicht, dass ich mich durch dich vom richtigen Weg abbringen lasse, weder von meinen innersten Überzeugungen, noch von meinem wahren Wesen. Treue zum andern heißt nicht, dass ich mich vom andern in etwas Böses hineinziehen lasse. Treue zum andern bedeutet vielmehr: Ich spiele nicht mit unserer Beziehung. Ich stehe zu dir und ich lasse dich nicht fallen, wenn ich an dir etwas entdecke, was mir nicht gefällt. Ich traue dir zu, dass du zu deinem wahren Wesen zurückfindest, wenn du davon abgewichen bist. In der Treue zum andern kann ich erst das Potenzial entfalten, das in meiner eigenen Seele bereitliegt. Ich gehe mit ihm den Weg. Und auf diesem gemeinsamen Weg entdecken wir etwas, das größer ist als wir selbst. In der Treue zum andern übersteige ich mich selbst. Das ermöglicht mir, über mich hinauszuwachsen und in die Gestalt hineinzuwachsen, die Gott mir zugedacht hat, die aber größer ist als die, die ich bisher in mir gesehen habe. *(1)*

TREUE IST das Versprechen, durch alle Wandlungen in mir und im andern mir selbst und dem andern treu zu bleiben. Ich sage Ja zu einem Menschen, von dem ich nicht weiß, wohin er sich ändern wird. So ist Treue immer auch riskant und ein Wagnis. Aber in diesem Wagnis steckt die Sehnsucht, mein Leben in einem Wort – in diesem Ja – zusammenzufassen. Es ist dieses eine Wort, auf das der andere sich und auf das ich mich selbst verlassen kann. *(1)*

Trösten

Es ist nicht so einfach, die Einsamkeit und Not des andern auszuhalten und mit ihm dort zu sein, wo er an sich und am Leben leidet. Aber nur wenn ich bei ihm bleibe, kann sich seine Trauer wandeln. Und er fühlt sich getröstet. Ich habe ihn nicht mit Worten vertröstet, sondern ich bin ihm selbst zum Trost geworden, zu dem *consolator*, der bei ihm ist in seiner Einsamkeit. *(1)*

Der Glaube kann trösten. Allerdings darf ich den Glauben nicht als schnelle Lösung missverstehen. Der Schmerz tut trotz des Glaubens weh. Und der Glaube gibt nicht sofort eine Antwort auf mein Leid. Und er löst meinen Schmerz nicht auf. Aber im Glauben fühle ich mich in meiner Not nicht alleingelassen. Ich vertraue darauf, dass Gott bei mir ist. Natürlich sagen manche: »Ich erfahre Gott nicht in meiner Trauer. Er hat mich alleingelassen.« Das ist

eine schmerzliche Erfahrung, die ich nicht vorschnell überspringen darf. Aber wenn ich sie
zulasse, kann ich in meinen Schmerz hinein
glauben, dass ich trotz allem getragen bin. Für
uns Christen ist dabei der Blick auf Jesus, der
am Kreuz hängt, der selbst tiefe Einsamkeit,
Verlassenheit und Leid erfahren hat, eine Hilfe,
sich im Leid von ihm verstanden zu wissen.
Denn er hat das Leid selbst in seiner Abgrün-
digkeit durchlebt. Und der Glaube gibt mir das
Vertrauen, dass ich durch das Leid und durch
die Trauer nicht aus der Liebe Gottes falle. Ich
bin auch dort von seiner Liebe umgeben. *(1)*

Verantwortung

WIR HABEN Verantwortung für diese Welt. Wir dürfen sie nicht ausbeuten, sondern sollen sie so hegen und pflegen, dass auch die nachkommenden Geschlechter noch gut darin wohnen können. Ob die Welt ein guter Ort ist, das ist also auch eine Frage an uns selber. Denn ob sie für unsere Nachfahren ein guter Ort sein wird, hängt nicht zuletzt davon ab, wie wir ihnen diese Welt hinterlassen. *(1)*

FÜR MICH gehört zu einem sinnvollen und geglückten Leben, dass jemand sein Leben selbst in die Hand nimmt und versucht, es so zu gestalten, dass es Frucht bringt. Wer Verantwortung übernimmt und etwas tut, weil er spürt, dass es notwendig und richtig ist, wird mehr Lust empfinden an dem was er tut, als der, der sich von außen mit einer Aufgabe betrauen lässt. Er wird nicht Last empfinden, sondern sehr viel geschenkt bekommen. *(4)*

FÜHREN HEISST: Verantwortung für das Ganze übernehmen und seine Macht dazu benutzen, Leben in den Mitarbeitern zu wecken. Führen heißt letztlich dienen. Es ist nicht immer nur angenehm. *(3)*

DIE VERANTWORTUNG, die ich für andere übernehme, ist für mich keine Last, sondern sie hält mich lebendig. Ich nehme allerdings den anderen ihre Last nicht ab. Verantwortung heißt nicht, dass ich dafür zuständig bin, dass es dem anderen gut geht. Dafür muss er selbst sorgen. Ich kann ihn nur begleiten und mit ihm nach einem Weg Ausschau halten, auf dem er weitergehen kann. *(4)*

Vergeben

IN DER Vergebung befreie ich mich selbst von der negativen Energie, die durch die Verletzung noch in mir ist. Wenn ich dem andern nicht vergebe, dann bin ich noch an ihn gebunden, dann hat er noch Macht über mich. Vergebung ist die Befreiung von der Macht des andern. Ich gebe die Verletzung weg, ich überlasse sie ihm. Ich befreie mich davon. Ich löse die Fesseln, die mich immer um die Verletzung kreisen lassen. Vergebung gehört zur Seelenhygiene. Und die ist immer möglich, auch wenn sie oft erst nach einem langen und schmerzlichen Prozess gelingt. *(1)*

DIE VERGEBUNG durch Gott will uns befähigen, auch uns selbst zu vergeben und einander zu verzeihen. *(3)*

Lass dich nicht lähmen durch deine Fehler und Schwächen. Schau sie an, verdränge sie nicht, akzeptiere, dass du fehlbar bist, und arbeite an deinen Schwächen. Aber verbeiße dich nicht in sie. Lass sie los. Wenn Gott dir vergibt, darfst auch du dir vergeben. Sei barmherzig mit dir selber. *(6)*

Versöhnung

Iᴄʜ ʙɪɴ mit dem andern versöhnt, wenn ich nichts mehr gegen ihn habe. Das ist immer auch eine Wohltat für mich. Denn solange ich nicht versöhnt bin, bin ich noch an den andern gebunden, gebe ich ihm noch Macht. Seine negative Energie strömt noch in mir. Die Versöhnung befreit mich von dieser negativen Energie. Sie heilt die Wunde, die noch in mir ist und schenkt mir inneren Frieden. *(3)*

Wɪʀ ᴋöɴɴᴇɴ uns unsere ureigene Lebensspur nicht selber aussuchen. Aber wenn wir uns mit unserem Leben aussöhnen und unser einmaliges Leben in seiner Größe und in seiner Schwäche bewusst leben, dann geht von uns eine Spur aus, die auch andere zum Leben einlädt. *(4)*

Vertrauen

KEIN MENSCH kann ohne Vertrauen leben. Selbst wenn er von anderen Menschen immer wieder enttäuscht worden ist, sehnt er sich nach Menschen, denen er vertrauen kann. Er hat in sich die Ahnung, dass er das Vertrauen braucht, um überhaupt einen festen Stand in dieser Welt zu haben. Und wenn ihn die Menschen immer wieder enttäuschen, dann sucht er sich einen anderen Halt. Auch das Vertrauen in Gott braucht normalerweise die Erfahrung menschlichen Vertrauens. *(1)*

DAS VERTRAUEN, das wir einem Menschen entgegenbringen, weckt das Vertrauen in ihm selbst auf. Weil wir ihm vertrauen, vermag er nun auch sich selbst zu vertrauen. Weil wir an ihn glauben, kann er an sich selbst glauben, an seine Fähigkeiten, an seine Kräfte. So hat unser Vertrauen immer auch eine heilende Wirkung auf den andern. Auch wenn das Vertrauen missbraucht worden ist, traue ich meiner Sehnsucht nach dem Vertrauen. Und in meiner Sehnsucht nach Vertrauen komme ich schon in Berührung mit dem Vertrauen, dass trotz allen Misstrauens weiterhin in meiner Seele schlummert. *(19)*

VERTRAUEN AUF Gott bedeutet nicht, dass mir nie etwas Negatives passieren, dass ich nie krank werden oder scheitern könnte. Das Vertrauen auf Gott setzt tiefer an. Ich bin in allen Situationen von Gott getragen. Auch wenn ich krank werde, auch wenn ich beruflich scheitere, falle ich nicht aus Gottes guten Händen heraus. Diese positive Sicht gehört zum Glauben. *(3)*

DIE ANGST lädt mich ein, das, was mir Angst macht, anzuschauen und zugleich tiefer zu gehen, in den Grund der Seele vorzustoßen, in dem auch Vertrauen in mir bereitliegt. Der Glaube ist der Weg zu diesem Vertrauen. *(7)*

Wahrheit

NUR WENN Sie Ihre eigene Wahrheit anschauen und sich mit ihr aussöhnen, kann sie sich verwandeln. Sie verabschieden sich von Ihren Illusionen und beginnen, im Hier und Jetzt zu leben, vielleicht bescheidener, als Sie es immer wollten. Aber Sie werden ehrlich mit sich selbst sein. Und so wird Ihr Leben zum Segen für Sie selbst und für andere werden. *(3)*

GOTTES LICHT leuchtet in alle Abgründe meiner Seele. *(7)*

DAS ZERBRECHEN meiner Illusionen zerbricht auch den Panzer, den ich um mich herum aufgebaut habe. Und so werde ich aufgebrochen für mein wahres Selbst, für das ursprüngliche und unverfälschte Bild, das Gott sich von mir gemacht hat. *(13)*

Weisheit

WEISHEIT IST etwas anderes als exaktes Wissen. Sie fragt nach den tieferen Gründen des Daseins und ist Offenheit für das Geheimnis des Seins. *(14)*

DIE LIEBE wird dem Menschen zum Auge, das ihn sehen lässt. Wer glaubt und liebt, der ist wahrhaft weise. Er sieht die Wirklichkeit so, wie sie ist. *(14)*

WEISE SIND Menschen, wenn sie sich ausgesöhnt haben mit sich selbst, wenn sie gelernt haben, Geschmack an sich und ihrer eigenen Brüchigkeit zu finden, sich auszusöhnen mit ihrer Lebensgeschichte. (…) In der Nähe eines solchen Menschen sehen wir selber tiefer, schauen in die Tiefen unserer Seele und erkennen die Zusammenhänge unseres Lebens. *(14)*

Wert

ICH ERKENNE meinen Wert, wenn ich in das Geheimnis meines Lebens hineinschaue. Mich macht wertvoll, dass ich ein Mensch bin, dass ich von Gott geschaffen und erwählt bin. Und mich macht wertvoll, dass in mir etwas ist, was nur mir gehört. So wie ich fühle, fühlt sonst niemand. So wie ich spreche, spricht sonst niemand. So wie ich atme, atmet kein anderer. Ich darf meinen Wert nicht nur in dem sehen, was ich zuwege bringe. Meine Fähigkeiten sind Teil meines Wertes, machen ihn aber nicht aus. Sie sind nur wertvoll als Teil meiner einmaligen Person, in der Gott selbst sich ausspricht. *(1)*

MEIN WERT besteht nicht in meinem Nutzen für irgendwen oder irgendetwas. Er besteht in meiner Würde als Mensch. Diese Würde geht nicht verloren, wenn ich alt oder krank oder arbeitslos bin. *(1)*

DER WERT der anderen besteht in ihrer menschlichen Würde. Wenn ich sie achte, macht das
auch mich selbst wertvoll. Wenn ich Menschen
entwerte, werte ich immer auch etwas in mir
selbst ab. Daher braucht es ein Gespür für den
Wert der anderen, um selbst als wertvoller
Mensch zu leben. *(1)*

IN UNSERE Seele sind die Werte eingeprägt, un-
abhängig von der Erziehung. Die Seele hat
diese Werte in sich, weil sie hineinreicht in das
kollektive Unbewusste. Dort, im kollektiven
Unbewussten haben wir Anteil an den Erfahrungen vergangener Generationen. *(3)*

DEN EIGENEN Wert zu spüren, macht frei. Die
Bewertung anderer wird unwichtig. Du selbst
musst andere nicht beurteilen. Sie dürfen sein,
wie sie sind. Du weißt: Auch sie haben eine un-
antastbare Würde. Du spürst: Auch in ihnen
leuchtet Gottes Herrlichkeit auf. *(4)*

Wünschen

WÜNSCHE HALTEN uns lebendig. Es gibt zwar Menschen, die wunschlos glücklich sind. Aber die Gefahr ist, dass sie sich vorschnell zufriedengeben mit dem, was sie erreicht haben. Wünsche, deren Erfüllung man gar nicht abwarten kann, gehen über das Vordergründige hinaus. Sie zielen auf das wahre Glück, das wir nicht in diesem Leben, sondern erst in der Vollendung erfahren. *(15)*

WIR MÜSSEN uns nicht abfinden mit der Welt, so wie sie ist. Unsere Sehnsucht kann uns dazu anleiten, Herausforderungen produktiv anzugehen, Türen zu öffnen, Grenzen zu überschreiten und in eine größere Weite zu gelangen. *(15)*

WENN ICH mir wirklich etwas wünsche, dann muss ich auch darum kämpfen. Ich darf nicht meinen, dass mir alles in den Schoß fällt, sobald ich es mir nur wünsche. **Das wäre das Schlaraffenland**, von dem die **Märchen** erzählen. Unser Leben ist aber kein Schlaraffenland. *(3)*

WENN WIR alle unsere Wünsche zulassen, entdecken wir oft genug, dass wir eigentlich dankbar sein dürfen für das Leben, das Gott uns geschenkt hat. Im Wünschen steckt die Ahnung, wir könnten uns und unsere Welt von neuem erschaffen. Aber zugleich spüren wir, dass diese Welt, dass unser Leben gar nicht so schlecht ist, wie wir es oft genug darstellen. *(18)*

MANCHMAL MÜSSEN wir uns einen Wunsch erfüllen, um zu sehen, dass seine Erfüllung unsere tiefste Sehnsucht nicht stillt. *(15)*

Zeit

WER LEBEN will, der muss sich Zeit nehmen. Ohne Zeit gibt es kein Leben. Das Leben vollzieht sich in der Zeit. Und nur wer sich auf seinen ihm angemessenen Zeitrhythmus einlässt, schwingt in das Leben ein, das für ihn stimmt. *(6)*

WIR SCHLAGEN die Zeit tot, um dem Tod nicht begegnen zu müssen. Man möchte die Zeit nicht spüren, weil man mit der Zeit auch ihre Begrenztheit wahrnehmen würde. Doch nur wer sich dem Tod stellt, wird die Zeit bewusst wahrnehmen und erleben. Lebendige Zeit gelingt nur dem, der den Tod wahrnimmt. Tot wird die Zeit, wenn der Tod verdrängt wird. *(6)*

WENN DIE Zeit nicht mein Gegner ist, sondern mein Freund, dann werde ich die Zeit anders erleben. *(4)*

ICH BIN ganz in der Zeit. Ich genieße den Augenblick. Ich bin gerade in dem, was ich tue, ohne auf die Uhr zu schauen und zu fragen, was mich in der nächsten Minute erwartet. Wer seine Zeit so wahrnimmt und erlebt, der fühlt sich nicht zerrissen. Er ist immer dort, wo er gerade steht, in dem Augenblick, in dem er gerade lebt. Wenn ich so lebe, dann genieße ich die Zeit. Und auch wenn ich viel zu tun habe, bin ich nicht zerrissen oder gehetzt. Ich tue eins nach dem andern. Aber jetzt, in diesem Augenblick, bin ich gerade mit dem beschäftigt, was ich jetzt tue. Und das tue ich ganz. *(1)*

BEGRÜSSE AM Morgen die Zeit. Sie wird dir heute geschenkt. Nimm dir immer wieder Zeit für dich selber. Und geh mit deiner Zeit bedachtsam um. Lass sie fließen. Nimm sie wahr. Erspüre ihr Geheimnis. *(4)*

Zufriedenheit

Wir nennen einen Menschen zufrieden, wenn er mit sich im Frieden ist. Dieser Zustand gleicht dem Glück. Ich bin einverstanden mit mir, im Frieden mit mir und mit all dem Gegensätzlichen in mir. Diese Art von Zufriedenheit hängt eng mit der Dankbarkeit zusammen. Ich bin dankbar für das, was ich habe und was ich bin. Ich bin im Einklang mit dem, der mich so geschaffen hat, wie ich bin. Und ich bin ihm dankbar für das, was er mir in meinem Leben zugemutet und zugetraut hat. *(1)*

Zufriedenheit kann auch eine Haltung sein, in der ich mich zu schnell zufriedengebe. Dann ist es die Haltung des Sattseins, des selbstzufriedenen Menschen, der nichts mehr an sich heranlässt. Das führt dann zur Erstarrung des Menschen. Solche selbstzufriedenen Menschen schotten sich gegen jede Kritik ab. Wir haben den Eindruck, dass solche Menschen alles bes-

ser wissen. Sie können sich für nichts begeis-
tern und lassen sich durch nichts in Frage stellen. *(1)*

Es GIBT Menschen, die sich zufriedengeben mit
dem Erreichten, weil sie keinen Mut haben,
weiterzugehen und der eigenen Berufung oder
Kraft zu trauen. Menschen, die in einer solchen
Resignation leben, ohne Sehnsucht und ohne
den Drang zur Veränderung, schränken sich auf
die kleine Wirklichkeit ein, die sie kennen. Sie
haben das Staunen und die Hoffnung verlernt.
Und sie sind daher nicht offen für das Große,
das Gott dem Menschen zutraut – auch in Zei-
ten, die, von außen gesehen, gerade nicht sehr
strahlend und »rosig« scheinen. *(1)*

Zuwendung

JEDER MENSCH sehnt sich nach Zuwendung. Es ist der ursprüngliche und elementare Wunsch des Kindes, dass sich der liebende Blick seiner Mutter ihm zuwendet und ihm zulächelt. Diese Urerfahrung, die dem Kind Daseinsberechtigung schenkt, vermittelt ihm: Du bist willkommen auf dieser Erde. Das wollen wir immer wieder erfahren. Die mütterliche Zuwendung ist Urbild des Segens. *(2)*

WENN ICH gebe, weil ich selber Zuwendung brauche, verliere ich das Gespür für mich selbst und für meine Grenze. Wenn ich mit mir nicht in Berührung bin, habe ich auch kein Augenmaß für meine Grenzen. *(8)*

DAS GLÜCK dessen, dem man geholfen hat, strahlt auf den Helfer zurück. *(6)*

Quellen

Die Texte stammen aus den folgenden im Verlag Herder
erschienenen Werken von Anselm Grün
© Verlag Herder GmbH, Freiburg im Breisgau

1) Anselm Grüns Buch der Antworten, hg. von Anton
   Lichtenauer, Herder spektrum Taschenbuch 6265,
   4. Auflage 2011.
2) Das kleine Buch der Engel, Herder spektrum
   Taschenbuch 7034, 13. Auflage 2012.
3) Was soll ich tun? Antworten auf Fragen, die das
   Leben stellt, hg. von Anton Lichtenauer, Herder
   spektrum Taschenbuch 6330, 3. Auflage 2012.
4) Mit Anselm Grün zur inneren Balance finden, hg. von
   Anton Lichtenauer, Herder spektrum Taschenbuch
   5701, 5. Auflage 2011.
5) Im Zeitmaß der Mönche. Vom Umgang mit einem
   wertvollen Gut, Herder spektrum Taschenbuch 5426,
   4. Auflage 2007.
6) Das Buch der Lebenskunst, Herder spektrum
   Taschenbuch 5700, 7. Auflage 2012.
7) Verwandle deine Angst, Großdruck Edition 2012.
8) (mit Ramona Robben) Grenzen setzen – Grenzen
   achten. Damit Beziehungen gelingen – Spirituelle
   Impulse, 8. Auflage 2012.
9) Fünfzig Helfer in der Not. Die Heiligen fürs Leben
   entdecken, Herder spektrum Taschenbuch 5288,
   8. Auflage 2008.

10) Das kleine Buch vom wahren Glück, hg. von Anton Lichtenauer, Herder spektrum Taschenbuch 7007, 20. Auflage 2012.

11) Quellen innerer Kraft. Erschöpfung vermeiden – positive Energie nutzen, Herder spektrum Taschenbuch 5939, 7. Auflage 2012.

12) Das kleine Buch der Lebenslust, hg. von Anton Lichtenauer, Herder spektrum Taschenbuch 7105, Neuausgabe 2. Auflage 2011.

13) Wege durch die Depression. Spirituelle Impulse, 2008.

14) Einfach-leben-Brief von Anselm Grün, hg. von Rudolf Walter, 2006 ff.

15) Bleib deinen Träumen auf der Spur. Buch der Sehnsucht, Herder spektrum Taschenbuch 5550, 11. Auflage 2011.

16) Leben ist jetzt. Die Kunst des Älterwerdens, 4. Auflage 2011.

17) Das Glück der Stille, 2005.

18) Das kleine Buch der Weihnachtsfreude, hg. von Anton Lichtenauer, 6. Auflage 2010.

19) Vertrauen. Spüre deine Lebenskraft, hg. von Anton Lichtenauer, Herder spektrum Taschenbuch, 4. Auflage 2011.

20) Beitrag in »Christ in der Gegenwart«.

21) Was die Liebe nährt. Beziehung und Spiritualität, © Kreuz Verlag in der Verlag Herder GmbH, 2. Auflage 2010.

22) Das Glück der Dankbarkeit, 2. Auflage 2005.

Weisheit

HERDER Spektrum Band 7152

MIX
Papier aus verantwor-
tungsvollen Quellen
FSC® C106847

Originalausgabe
Bearbeitete Neuausgabe 2012

© Verlag Herder GmbH, Freiburg im Breisgau 2010
Alle Rechte vorbehalten
www.herder.de

Umschlagkonzeption und -gestaltung:
RME Eschlbeck / Hanel / Gober
Umschlagmotiv: © plainpicture
Herstellung: fgb · freiburger graphische betriebe
www.fgb.de

Printed in Germany

ISBN 978-3-451-07152-2